Werner Ullrich

Terrarium für Einsteiger

W0056558

Inhalt

Vor der Anschaffung erst richtig planen

Vor Kauf und Einrichtung eines

Terrariums sollte man jeden Schritt

genau überlegen. Denn jede

falsche Planung verursacht nur

Enttäuschung und zusätzliche

Arbeit!

Dieses Bild zeigt ein sehr gut eingerichtetes Sumpfterrarium mit Epiphytenstämmen und dicht bewachsener Rückwand.

Wie wird man Terrarianer?

ACHTUNG
Ernsthafte Terrarianer
und jene, die es werden
möchten, müssen verant-
wortungsvolle, an der
Natur interessierte Zeit-
genossen sein.

INFO
Als Terrarianer begreifen
vor allem Jugendliche
oft biologische Zusam-
menhänge besser als in
der Schule im häufig
trockenen Biologieunter-
richt.

*Jungtiere der Schnapp-
schildkröte (Chelydra ser-
pentina) sind relativ an-
spruchslos und daher
auch für Anfänger noch
unproblematisch.*

Beim Besuch eines Zoos mit Amphibien- und Reptilienab-
teilung kann man es immer wieder beobachten: Während
viele Besucher nur relativ kurz vor einem Terrarium stehen
bleiben, gibt es doch immer wieder den einen oder anderen,
der vor den schön bepflanzten und mit interessanten Tieren
besetzten Behältern länger verweilt. Mancher ist davon
so fasziniert, dass er sich fragt: „Könnte ich mir ebenfalls ein
Terrarium anschaffen?"

Es ist auffällig, dass sich insbesondere Stadtmenschen ihren
Wunsch nach einem Stückchen Natur in Form eines Aquari-
ums oder Terrariums erfüllen, um sich am Anblick und am
Gedeihen der Tiere und Pflanzen zu erfreuen.

Besonders Voreilige sind manchmal so von der Idee beses-
sen, dass sie losstürmen, um den Wunsch möglichst schnell
in die Tat umzusetzen. Oft werden dabei aber so viele Fehler
gemacht, dass über das neue Hobby kaum Freude auf-
kommen kann – und was noch schlimmer ist: Für die über-
hastet angeschafften Unken, Laubfrösche, Echsen, Schlangen
oder Schildkröten beginnt häufig ein unnötiger Leidensweg.
Daher sollte der Weg zum ersten Terrarium sorgfältig geplant
und überdacht werden. Denn die Wahl der Terrarienbewohner muss sich nach Ihren individuellen räumlichen, zeitlichen
und finanziellen Möglichkeiten richten und nicht umgekehrt.
Die Unterhaltung eines Terrariums erfordert Verantwortungs-
bewusstsein und Interesse an den Vorgängen in der Natur.
Mit dem Wunsch nach dem ersten eigenen Terrarium stellt
man sich automatisch einige Fragen, wie zum Beispiel:
● Woher bekomme ich ein Terrarium?
● Welche Terrarientypen gibt es?
● Kann man sich ein Terrarium vielleicht selber bauen?
● Wie muss es beschaffen sein?
● Welche technischen Hilfsmittel sind erforderlich?
● Ist das Hobby sehr kostspielig?

Und vor allem eines beschäftigt den zukünftigen Terrarianer
auch noch:
„Woher bekommt man Terrarientiere?"

Welche Terrarientypen gibt es?

Form, Größe und Einrichtung eines Terrariums werden durch den Zweck bestimmt, den es erfüllen soll. Bereits bei der Wahl des Standorts und des Terrarientyps (Freiland-, Zimmer- oder Freiluftterrarium) müssen wir wissen, welche Tiere mit welchen klimatischen Ansprüchen wir pflegen wollen. Manche Tiere und Pflanzen sind sehr lichthungrig, andere können nur an kühlen, schattigen Stellen gedeihen.

Die Luftqualität entscheidet ganz wesentlich darüber, ob die Tiere und Pflanzen sich wohl fühlen, gedeihen oder nur dahinkümmern. Keinesfalls dürfen sie Zugluft bekommen. Auch das Feuchtigkeitsbedürfnis der verschiedenen Arten ist sehr unterschiedlich. Die einen verlangen es relativ trocken (Steppen, Wüsten), andere sehr feucht (Sümpfe, Regenwald), wieder andere leben fast ständig im Wasser, in feuchten Höhlen oder an anderen Extremstandorten und verlassen sie nur äußerst selten.

Die Lebewesen dürfen auch im Terrarium nicht ständig den gleichen Umwelteinflüssen ausgesetzt sein. Daher gestaltet man auch Zimmerterrarien als Mini-Lebensräume.

INFO
Unter Klima versteht man den Witterungsverlauf eines Gebietes. Dazu gehören die Faktoren Licht, Temperatur, Luft und Feuchtigkeit.

INFO
Den Bedürfnissen der Pfleglinge entsprechend unterscheidet man:
- Sumpfterrarien
- Waldterrarien
- Regenwaldterrarien
- Savannenterrarien
- Steppen- und Wüsten-terrarien

Eine Halbwüste mit Felsformationen im Hintergrund – Lebensraum zahlreicher Reptilienarten.

Ein Ringelschildechsen-Weibchen bei der Eiablage. Das Gelege wird am Fuße einer Wurzel „versteckt".

Woher bekommt man „Terrarientiere"?

ACHTUNG

Alle Amphibien und die meisten Reptilien verlangen Lebendfutter, das heißt, verschiedene Insekten, Würmer und dergleichen. Sie müssen sich rechtzeitig darum kümmern, wo Sie diese bekommen können!

Zuerst einmal: Es gibt keine Terrarientiere! Die in Terrarien gepflegten Tiere sind auch keine Haustiere, die der Mensch im Laufe der Jahre für seine Zwecke gezüchtet hat. Bei den in Schau-Terrarien gepflegten Tieren handelt es sich gewöhnlich um Wildfänge, also der Natur entnommene Tiere.

Um in den Besitz jener Tiere zu kommen wäre es demnach am besten, sie in ihrer Heimat selbst zu fangen. Gleichzeitig würde man dabei ihren Lebensraum kennen lernen und dadurch auch die Bedingungen, die ihnen im Terrarium zu bieten sind. Aber es gibt inzwischen zahlreiche Gesetze und Verordnungen, die es verbieten, der Natur einfach Tiere zu entnehmen. Außerdem gestatten die meisten Länder nicht, Tiere auszuführen. Und letztendlich untersagen unsere Zollbestimmungen jede Einfuhr von Pflanzen und Tieren, sofern man keine Ausnahmegenehmigung hat.

Ein realistischer Weg, Tiere für das Terrarium zu bekommen, führt zuerst einmal zu einem Zoogeschäft.

Vom Fachhandel

Ein gutes Zoogeschäft, das in seinem Sortiment auch Amphibien und Reptilien hat, wird in der Regel auch das für die künftigen Pfleglinge notwendige Futter anbieten. Dort kann man vom Verkaufspersonal auch den wissenschaftlichen Namen der Tiere erfahren und ihre möglichst genaue Herkunft (Rollschwanzleguan, *Leiocephalus carinatus*, Kuba, Küstenbereich) sowie Hinweise über ihre ökologischen Ansprüche und Haltungsbedingungen.

Häufig erreichen die Tiere bereits krank die Zoohandlung, da sie nach ihrem Fang nur selten einmal artgerecht gehalten wurden und werden. In der Regel werden Einheimische für wenig Geld dazu animiert, begehrte Tiere ihrer Heimat zu fangen. Ihre Abnehmer und Großhändler halten die Tiere gewöhnlich möglichst platzsparend auf engstem Raum. Eine gegenseitige Infizierung mit allen möglichen Krankheitserregern ist bei diesen Verfahren daher oft vorprogrammiert.

TIPP In den Rundbriefen der Deutschen Gesellschaft für Herpetologie und Terrarienkunde e.V. (DGHT) bieten Terrarianer nicht nur ihre Nachzuchten an, sondern auch einzelne Exemplare bestimmter Arten bis zu kompletten Zuchtgruppen.

Aus Privathand

Ein weiterer Weg, um Tiere für das Terrarium zu bekommen, führt über Terrarianerverbände und -vereine. (Einige Adressen befinden sich auf S.124). In den ortsnahen Terrarianervereinen tauschen die Mitglieder nicht nur Tiere und Pflanzen aus, sondern auch wertvolle Erfahrungen. Vor allem Anfängern hilft man besonders gern, indem man ihnen oft Nachzuchten oder auch Pflanzenableger überlässt. Hier hat auch schon mancher Anfänger günstig ein Terrarium mit allen technischen Geräten und Hilfsmitteln erstehen können.

WICHTIG Als Neueinsteiger sollte man sich bemühen, auf alle Fälle Nachzuchttiere zu erstehen, da sie weniger problematisch sind. Wildfänge sind oft mit Innenparasiten und Krankheitserregern belastet.

Tropische Laubfrösche sind begehrte Pfleglinge für das Terrarium und werden auch recht häufig angeboten.

Finanzieller und zeitlicher Aufwand

Der zukünftige Terrarianer muss bedenken, dass die Anschaffung und Unterhaltung eines Zimmer- oder Freiluftterrariums einige Kosten verursacht, und zwar nicht nur, wenn man es fertig kauft, sondern auch, wenn man es selbst baut. Mit Ausgaben ist zu rechnen für:

● den eigentlichen Behälter
● die technischen Geräte und Messinstrumente
● den Strom
● die Tiere
● das Futter

In einem optimal eingerichteten Freilandterrarium finden Europäische Landschildkröten schmackhafte Wildkräuter, wie Klee, Wegerich und vor allem Löwenzahn.

Zusätzlich für ein Freilandterrarium:
● für die Einfriedung
● für die spezielle Einrichtung, zum Beispiel, für eine Schutzhütte bei der Freilandhaltung von Landschildkröten und bei Wasserschildkröten für einen Teich.

Schließlich ist noch der Zeitaufwand zu bedenken, denn ein Terrarium verlangt ständige Pflege. Nicht nur, dass die Tiere gefüttert, die Pflanzen getränkt, das Becken gereinigt werden muss, denn nur in sehr wenigen Fällen kann man das Terrarium einige Tage sich selbst überlassen. Bereits ein zeitweiser Stromausfall kann die Steuerung der Heizung und Beleuchtung verändern und dadurch das Leben der Tiere und Pflanzen durcheinander bringen oder sogar gefährden. Ein Terrarium, das in der Regel völlig ohne technische Geräte auskommt und in dem man die Tiere einige Tage sich selbst überlassen kann, ist das Freilandterrarium.

> **ACHTUNG**
> **Wer gern verreist, muss für die Fehlzeiten eine sachkundige Vertretung haben, die das Terrarium betreuen und die Tiere versorgen kann.**

Anschaffungskosten für ein Zimmerterrarium

Terrarium (100 x 50 x 50 cm [L, T, H])		ca. 300,– DM / ca. 153,– Euro
oder Terrarium (100 x 50 x 100 cm (L, T, H))		ca. 500,– DM / ca. 255,– Euro
Beleuchtung		
Beleuchtungskasten mit 2 Leuchtstoffröhren, schwarzer Kunststoff		ca. 250,– DM / ca. 128,– Euro
oder mit 2 Leuchtstoffröhren, Alu, bronzefarben		ca. 245,– DM / ca. 125,– Euro
2 Verteilerstecker 3-fach		ca. 6,– bis 8,– DM / ca. 3,– bis 4,– Euro
Heizung / Wärmequellen		
Wärmestrahler		
Spot- oder Konzentra-Strahler komplett		ca. 20,– bis 25,– DM / ca. 10,– bis 13,– Euro
oder HQL oder HQI-Strahler komplett (80/120 Watt)		ca. 150,– DM / ca. 76,– Euro
Bodenheizung		
Heizkabel	4,30 m / 25 Watt	ca. 40,– DM / ca. 20,– Euro
oder Heizkabel	3,30 m / 15 Watt	ca. 35,– DM / ca. 18,– Euro
oder Heizfolie	35 x 25 cm	ca. 60,– DM / ca. 30,– Euro
oder Heizfolie	70 x 30 cm	ca. 90,– DM / ca. 46,– Euro
oder Heizfolie	65 x 45 cm	ca. 120,– DM / ca. 61,– Euro
Messinstrumente		
2 Thermometer		à 3,50 bis 5,– DM / ca. 1,80 bis 2,50 Euro
1 Hygrometer		12,– bis 25,– DM / ca. 6,– bis 13,– Euro
Sonstiges		
1 Zeitschaltuhr		15,– bis 28,– DM / ca. 7,60 bis 14,– Euro
evtl. 1 Innenfilter für Wasserteil		26,– bis 45,– DM / ca. 13,– bis 23,– Euro
oder 1 Außenfilter für Wasserteil (240 bis 300 l/h)		80,– DM / ca. 40,– Euro

SPECIAL

Gesetze für Terrarianer

Das zunehmende Verschwinden zahlreicher Pflanzen- und Tierarten von unserer Erde ist in erster Linie darauf zurückzuführen, dass ihre Lebensräume zerstört wurden und werden. Verursacher ist in erster Linie der Mensch.

Das Washingtoner Artenschutzübereinkommen (WA)

Auch heute sind noch viele Arten in ihrem Bestand gefährdet und die Liste der vom Aussterben bedrohten Tier- und Pflanzenarten wird jährlich länger und länger. Um diesem Artenschwund zu begegnen, wurden in der Vergangenheit einige internationale und nationale Gesetze und Verordnungen erlassen: Am 3. März 1973 wurde in den USA das Washingtoner Artenschutzübereinkommen (WA) vereinbart und bei der UNO registriert. Es regelt den internationalen Handel mit gefährdeten Arten frei lebender Pflanzen und Tiere. Dabei wurden die Arten nach ihrem Gefährdungsgrad in 2 Anhänge gefasst:

● Anhang I beinhaltet alle unmittelbar von der Ausrottung bedrohten Arten, die durch den Handel beeinträchtigt werden könnten. Nur in Ausnahmefällen wird der Handel mit ihnen zugelassen.

● Anhang II enthält alle Arten, die heute zwar noch nicht direkt vom Aussterben bedroht sind, jedoch durch einen unkontrollierten Handel in ihrer Existenz bedroht würden. Tiere, die im Washingtoner

Artenschutzübereinkommen aufgeführt sind, dürfen nur mit den notwendigen Papieren (CITES-Bescheinigung) gehandelt werden.

In der Bundesrepublik Deutschland gelten darüber hinaus noch 2 für Terrarianer weitere wichtige Artenschutzgesetze: Das Bundesnaturschutzgesetz (BNaSchG) und die Verordnung EG Nr. 338/97. Sind Tiere darin aufgeführt – es gibt ebenfalls unterschiedliche Anhänge hierzu –, darf man sie nur mit der jeweiligen Ausnahmegenehmigung halten oder handeln.

Die für den Artenschutz zuständigen Behörden sind die jeweiligen Landschaftsbehörden der Kreise und kreisfreien Städte.

Die Sondergenehmigungen

Jedes Tier einer geschütztes WA-Art, das in den Handel kommt, wird genau registriert und bekommt einen „Ausweis", die CITES-Bescheinigung. Sie sollten in diesem Fall unbedingt darauf achten, mit dem Erwerb der Tiere auch die Bescheinigung ausgehändigt zu bekommen. Lassen Sie sich nicht auf später vertrösten! Der Abgeber muss auch Ihren Namen mit Anschrift als neuer Halter des Tieres festhalten, als Nachweis über den Verbleib des Tieres. Sie selbst müssen den Erwerb des oder der Tiere innerhalb von 4 Wochen der zuständigen Behörde mitteilen.

Vorschriften für die Haltung

Um zukünftigen Haltern und den für die Kontrolle zuständigen Behörden-Mitarbeitern Richtlinien zu geben, unter welchen

Bedingungen Reptilien zu halten sind, erarbeiteten 1997 Fachleute für das Bundesministerium für Ernährung, Landwirtschaft und Forsten ein „Gutachten über Mindestanforderungen an die Haltung von Reptilien" (siehe Literaturhinweise). Darin wird unter anderem auch angegeben, wie groß die jeweiligen Terrarien sein müssen, wenn man Echsen, Schlangen oder Schildkröten pflegen will.

Alle Chamäleons sind streng geschützt und ihre Haltung im Terrarium ist genehmigungspflichtig.

Auch Tiere, die weder nach dem WA, noch nach der Verordnung EG Nr. 338/97 oder dem BNatSchG geschützt sind, sind sorgfältig zu behandeln und artgerecht zu halten, will man nicht mit dem Tierschutzgesetz (TSchG) in Konflikt kommen!

Am Anfang stand das „Laubfrosch- glas"...

Nur technisch optimal ausgerüstet

sowie ansprechend eingerichtet

wird ein Zimmerterrarium zu

einem ansehnlichen und dekorati-

ven Mini-Lebensraum, in dem sich

auch die Pfleglinge wohl fühlen.

Madagassische Taggeckos leben an
Baumstämmen oder Wänden. Zum Trinken suchen sie
auch manchmal feuchte Stellen am Boden auf.

Standortwahl

WICHTIG

Stellen Sie den Terrarienunterschrank auf alle Fälle so auf den Holzboden, dass er auf den Auflagebalken steht. Verteilen Sie gleichzeitig das Gewicht auf eine untergelegte Platte (s. Abb. unten)!

Mit der Entscheidung für ein Zimmerterrarium muss zuerst einmal die Frage nach seinem Standort geklärt werden. Dabei ist gewöhnlich davon auszugehen, dass man ihn nach dem Einrichten so schnell nicht wieder wechselt. Damit es nicht später zu Problemen kommt, sollte man folgende Standorte auf jeden Fall meiden:

● schlecht isolierte Außenwände: Steht ein Terrarium davor, kann die Luft zwischen ihm und der Wand nicht mehr genügend zirkulieren. Bei solchen Kältebrücken entwickeln sich fast immer feuchte Stellen und damit zwangsläufig Schimmel.

● Räume mit Temperaturen, die sehr viel höher oder niedriger liegen als die im Terrarium angestrebten Temperaturen.

● Räume, in denen sehr viel geraucht wird und die man schlecht belüften kann.

● vor Heizkörpern, da die Luftzirkulation des Raumes durch das Terrarium gestört wird.

● vor Fenstern. Im Sommer kann es durch einfallende Sonne zu einer Überhitzung kommen. Außerdem können sich auch zwischen Fenster und Terrarium wieder Kältebrücken bilden und die Fensterscheiben sind dann ständig beschlagen.

● Schwenkbereiche von Fenstern, Schrank- oder Zimmertüren: Schlagen die Türen gegen das Terrarium, können Glasschäden die Folge sein. Zudem würde es an solchen Stellen auch stören.

Das Terrarium auf Dielenbretter stellen.

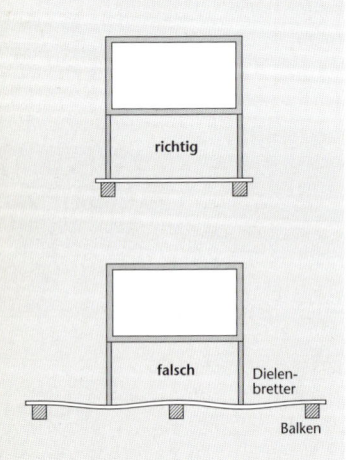

Unbedingt zu berücksichtigen: das Gewicht!

Ein Zimmerterrarium kann nach dem Einrichten ziemlich schwer geworden sein. Dies kann vor allem in Altbauwohnungen zu Problemen führen, weshalb man bei der Standortwahl auch das Gewicht mit einkalkulieren muss.

Zum Vergleich: Bereits bei einem 100 x 50 x 50 cm großen Aquarium mit einer Scheibenstärke von 10 mm hat das leere Becken ein Eigengewicht von etwa 50 kg. Obwohl sich die Terrariengröße nach den zu pflegenden Tieren richtet,

Große Regenwald-
terrarien können in einer
Wohnung zu einem
Blickfang werden, vor
allem wenn sie schön
bepflanzt sind.

wählen Neueinsteiger häufig Behälter mit einer Grundfläche zwischen 70 x 40 cm bis 100 x 50 cm und einer Höhe zwischen 60 und 100 cm. Erfahrungsgemäß wiegen solche Behälter etwa 40 bis 80 kg. Ein solches Becken darf auch nicht auf einen zu leichten Unterschrank gesetzt werden, denn zusätzlich ist das Gewicht des Bodengrundes, der technischen Geräte, der Einrichtungsgegenstände sowie der Pflanzen und Tiere hinzuzurechnen.

Gewöhnlich kann man in Neubauten damit rechnen, dass die Böden ohne Schwierigkeiten auf 1 m² ein Gewicht von etwa 200 kg tragen, meist sogar noch etwas mehr. Dabei hängt die Tragfähigkeit der Böden von ihrer Konstruktion ab. Da in früheren Zeiten die Anforderungen wesentlich geringer waren als heutzutage, gibt es auch heute noch Altbauten mit Holzböden, die auf Querbalken befestigt sind. Erkundigen Sie sich in diesem Fall unbedingt beim Hausbesitzer nach der Konstruktion des Holzbodens. Handelt es sich um die erwähnte Holzbalkenkonstruktion, so muss das Gewicht des Terrariums durch eine größere Auflagefläche auf dem Boden verteilt werden. (s. Abb. links)

Holz- oder Glasterrarium?

> **TIPP** **Für kleinere Schildkröten-arten und Jung-tiere eignen sich** manchmal große Aqua-rien aus dem Zoohandel, die man entsprechend einrichten muss.

> **TIPP** **Manchmal genügt das erste Terrarium den wachsenden** Ansprüchen nicht mehr und man besorgt sich oder baut ein größeres Zimmerterrarium. Dann kann der alte Behälter immer noch zur Pflege anderer Tiere, zur Auf-zucht von Jungtieren, für Futterzuchten oder als Quarantäne-Terrarium nützliche Dienste leisten.

Natürlich gibt es noch andere Materialien, aus denen sich Terrarien bauen lassen. Für den Neueinsteiger, der sich ein Terrarium selber bauen möchte, sind aber vor allem Holz und Glas zu empfehlen. Sie sind beide leicht zu verarbeiten und nicht sehr kostspielig.

Bei der Entscheidung für ein Glasterrarium ist die Palette der Einrichtungsmöglichkeiten besonders groß, denn es kann zum Beispiel auch als besonders „feuchtes" Sumpfterrarium dienen, während Holzterrarien nur für trockenere Einrichtun-gen geeignet sind. Da aber auch in den recht trocken wirken-den Terrarientypen (Savannen-, Steppen-, Wüstenterrarien) die Einrichtung regelmäßig überbraust und besprüht werden muss und die untersten Sandschichten immer leicht feucht bleiben müssen, ist es innen mit einem aufwendigen Schutz-anstrich zu versehen. Daher kann man einem Neueinsteiger lediglich zu einem Terrarium aus Glas raten. Außerdem be-kommt man fertige Glasterrarien inzwischen in vielen Größen und Formen im Zoohandel. Ihre Preise sind aufgrund der zahlreichen Konkurrenten auch annehmbar geworden und mit denen eines Aquariums vergleichbar. Im Anzeigenteil der Terrarianer-Zeitschriften (siehe S.124/125) bieten Spezial-firmen regelmäßig Sondergrößen sowie auch Sonderanferti-gungen an.

Wer unbedingt selbst ein Terrarium bauen möchte, weil
● noch einige Glasscheiben vorhanden sind,
● die im Handel erhältlichen Terrarien nicht gefallen,
● man ungewöhnliche Maße anstrebt,
● man überhaupt immer alles selbst macht,
der beachte bitte das folgende Kapitel.

Grundbauplan eines Zimmerterrariums

Wer sich einmal verschiedene Zimmerterrarien genauer an-schaut, wird feststellen, dass sie alle nach dem gleichen Grundprinzip erstellt wurden: Es handelt sich um einen rund-um geschlossenen Behälter, der ein Entweichen der Tiere ver-hindert, gleichzeitig aber für den Pfleger gut zugänglich ist. Außerdem sind zumindest an einer Seite oder vorn und in der

Abdeckung Lüftungsfelder vorhanden. Fast immer werden
die Terrarien auch von außen beheizt und beleuchtet. Damit
man mit einem Blick die Temperatur und die Höhe der Luftfeuchtigkeit erfahren kann, sind Thermometer und Hygrometer installiert.

Form und Größe des Terrariums richten sich jeweils nach
den zu pflegenden Tieren. Für Bodenbewohner genügen
relativ flache lange Terrarien, für kletternde Tiere braucht
man hohe. Und neutrale Terrarien liegen in ihrer Form da-
zwischen. Letztere haben den Vorteil, dass man sie bei Bedarf
auch wieder umgestalten und Tiere mit anderen Haltungsbedingungen pflegen kann.

Inzwischen hat sich die Erkenntnis durchgesetzt, dass man
Terrarien nicht zu klein bauen sollte, da die Pfleglinge sonst
zu schnell jeden Winkel erforscht haben und sich regelrecht
langweilen. Bei geräumigen Behältern kann die Einrichtung
sehr vielfältig sein und der Bewegungsradius der Tiere
ist größer. Sie können auf der Suche nach Futter oder nach
einem Partner auch größere Streifzüge unternehmen.

*Schildkröten – hier die
Zierschildkröte
(Chrysemys picta belli) –
benötigen Terrarien mit
großer Bodenfläche.*

Bau eines Glasterrariums

ACHTUNG

Um Schnittwunden zu vermeiden, empfiehlt es sich, gegen einen kleinen Aufpreis die Glaskanten entschärfen (brechen) zu lassen!

Ein aus Glas gebautes Terrarium bietet außerdem die Möglichkeit, das Leben der Pfleglinge von mehreren Seiten zu beobachten. Die für den Bau notwendigen Scheiben kann man beim Glaser passgenau bestellen. Man rechnet bei kleineren Terrarien mit einer Kantenlänge von bis zu 40 cm eine Glasdicke von 4 mm und bei Scheiben mit einer Kantenlänge von bis zu 80 cm eine Stärke von 6 mm. Plant man ein Terrarium mit größeren Ausmaßen, muss man schon eine Glasstärke von 8 mm einkalkulieren.

Für ein größeres Sumpfterrarium mit großem Wasserteil kann man auch ein Aquarium nehmen und darauf einen Aufsatz bauen (Abb. S. 21). Eventuell muss eine Seitenscheibe des Aquariums herausgetrennt und durch eine schmalere ersetzt werden, damit das Lüftungsfeld eingeplant werden kann.

Inzwischen werden alle Aquarien aus Glasscheiben gebaut, die man mit Silikonkautschuk zusammenklebt, auch die im Handel erhältlichen. Lediglich die Lüftungsfelder werden oft mit Kunststoffstreifen kaschiert und für die Schiebescheiben Führungsschienen aus Kunststoff eingeklebt.

Aquarien mit Aufsatz sind gut für Krokodil-schwanz-Höckerechsen (Shinisaurus crocodilurus) geeignet, da sie einen geräumigen Wasserteil benötigen und gerne auf Äste klettern, die über das Wasser ragen.

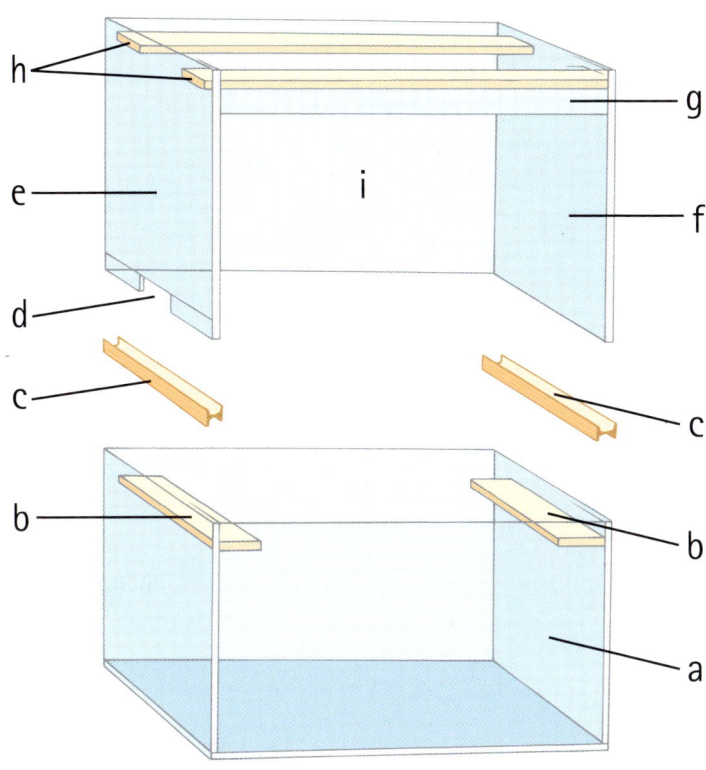

Man kann durch einen zusätzlichen Aufbau ein Aquarium zu einem Terrarium umgestalten:

a) Aquarium

b) Querspangen (können entfernt werden)

c) H-Profile aus Aluminium für den Aufbau

d) Öffnung für das Lüftungsfeld

e) kleinere Seitenscheibe

f) größere Seitenscheibe

g) Frontsteg

h) Längssteg zur Stabilisierung. Dort legt man einen gazebespannten Alurahmen (Lüftungsfeld) hinein oder teilweise eine Abdeckscheibe

i) Rückscheibe

Vorteile eines Aquarium+Aufsatz-Terrariums

Solche Terrarien haben den Vorteil, dass man die Höhe des Aufsatzes selbst bestimmen kann. Mit einem solchen Aufsatz lässt sich auch ein ehemaliges flaches Savannen- (S. 51), Steppen- und Wüstenterrarium (S.53) leicht in ein Terrarium umwandeln, das man nun als Regenwaldterrarium einrichten kann, wenn der Aufsatz eine dementsprechende Höhe hat. Bei diesen Terrarien kann auch der Bodengrund sehr hoch eingefüllt oder mit einer hohen Drainageschicht (Kies, Blähtonkugeln etc.) ausgestattet werden. Drückt man z.B. eine Mulde in eine höhere Kiesschicht und füllt Wasser auf, entsteht ein Wasserteil, der auch von Jungtieren leicht zu verlassen ist (Aufzuchtbecken). Wen der Anblick der hohen Bodenschicht stört, der kann diesen Bereich von außen mit Sperrholz oder Presspappe kaschieren.

TIPP Obwohl es Silikonkautschuk in verschiedenen Farben gibt, eignet sich am besten das transparente Material. Damit fällt es auch nicht so schnell auf, wenn an einer Stelle etwas unvorsichtiger gearbeitet wurde.

WICHTIG
Man sollte jeden Hautkontakt mit dem Silikonkautschuk vermeiden und Kindern den Kontakt damit unmöglich machen, da es zu Hautreizungen kommen kann.

Umgang mit Silikonkautschuk

Seit Jahren verwendet man im Häuserbau Silikonkautschuk, vor allem im Sanitärbereich beim Abdichten von Wasserbecken, aber auch als Füllung für Dehnungsfugen. Silikonkautschuk hat als dauerelastische Dichtungsmasse alle Eigenschaften, die Aquarianer und Terrarianer bei den zuvor verwendeten Klebstoffen vermisst haben. Er geht bei sauberer Verarbeitung mit dem Glas eine derart feste Verbindung ein, dass man nur unter großer Gewaltanwendung die Klebestellen auseinander reißen könnte. Daher halten sie auch Belastungen aus, denen ein Terrarium gewöhnlich niemals ausgesetzt ist.

Bei der Verarbeitung müssen Silikonkautschuk und Material Temperaturen im Bereich zwischen 5 und 35 °C aufweisen. Außerdem müssen die Klebestellen vor dem Auftragen der Silikonmasse mit einem Entfettungsmittel (zum Beispiel Aceton) fettfrei gemacht werden.

Da Silikonkautschuk innerhalb von 24 bis 48 Stunden abbindet, ist das Terrarium an einem Ort zusammenzukleben, der die entsprechenden Temperaturen aufweist und wo das Terrarium während der Bau- und Abbindephase möglichst ungestört stehen kann. Außerdem muss dieser Raum gut belüftbar sein, da dem Silikonkautschuk bei der Verarbeitung geringe Mengen an Essigsäure entweichen.

Bauanleitung

Handelsübliche Aquarien werden gewöhnlich immer nach dem gleichen Grundprinzip zusammengeklebt:
● Die Rückscheibe wird an die Schmalseite der Bodenscheibe geklebt.
● Die Seitenscheiben werden mit ihrer Schmalseite an die Rückscheibe und an die Schmalseiten der Bodenscheibe geklebt (siehe Abb. Seite 24 Mitte).

Beachten Sie: Die Bodenscheibe darf links und rechts nicht bündig mit der Rückscheibe abschließen und muss schmaler sein als die Seitenscheiben. Die untere Frontscheibe wird nämlich vor und nicht auf die Bodenscheibe geklebt. Das beschriebene Klebeprinzip hat sich durchgesetzt, weil die Klebenähte Zugkräften erheblich besser standhalten können als den Scherkräften. Obwohl die Belastung von Terrarienwänden deutlich geringer ist als die von Aquarienwänden, sollte man dieses Prinzip auch beim Terrarienbau einhalten. Um das Glasterrarium besonders exakt zusammenzukleben, benötigen Sie mindestens einen Helfer und eine glatte Arbeitsplatte, die deutlich größer sein muss als die Bodenscheibe. Auf die Arbeitsplatte legen Sie einen Papierboden (Blatt einer alten Zeitung), damit das Terrarium später nicht an der Holzplatte festklebt. Nun legen Sie die Bodenscheibe darauf und verfahren, wie in den Zeichnungen auf den Seiten 24/25 vorgegeben wird.

Das untere Lüftungsfeld können Sie natürlich auch an der anderen Seite oder unter den Schiebescheiben im Frontbereich einplanen.

Die Lüftungsfelder werden ringsum mit einem Streifen Silikonkautschuk versehen und darauf wird die Gaze geklebt. Die Maschenweiten der Gaze sollten Sie so auswählen, dass keines der Futtertiere hindurchschlüpfen kann.

Um die Scheiben exakt im rechten Winkel zueinander zu kleben, sollten Sie sie mit Gehrungszwingen fixieren (siehe Abb. unten).

Anstelle der Gehrungszwingen verwenden einige Bastler auch stabiles Klebeband und verkleben damit bis nach Aushärtung des Kautschuks die Fugen von außen. Wieder andere verwenden das Klebeband zusätzlich zu den Gehrungszwingen. In jedem Fall führt man nach der Fixierung der Scheiben die Silikonkartusche in Vorwärtsrichtung und drückt den Kleber durch gleichmäßigen Druck auf die Kartusche in die Fugen.

Anschließend streicht man mit dem Zeigefinger, den man zuvor mit einem Spülmittel oder Seifenwasser betupft hat, die Silikonoberfläche innerhalb des Terrariums glatt. Nach dem Aushärten kann man die außen überstehende Silikonmasse sauber mit einem Rasiermesser oder Ähnlichem abschneiden.

> **TIPP** Um den richtigen Druck auf die Silikonkautschuk-Kartusche ausüben zu können, übt man am besten erst einmal auf einem Stück Pappe!

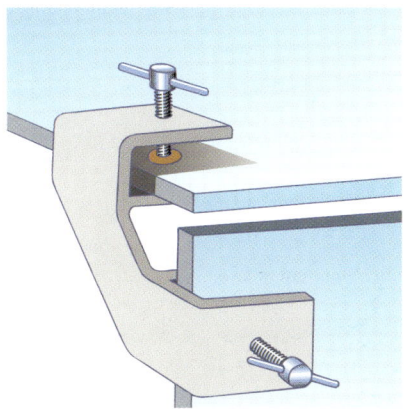

Um die Scheiben auf gleichem Abstand zu halten, kann man sie mit Gehrungszwingen fixieren. Den Spalt füllt man dann mit Silikonkautschuk aus.

SPECIAL

Bauplan für ein Glasterrarium

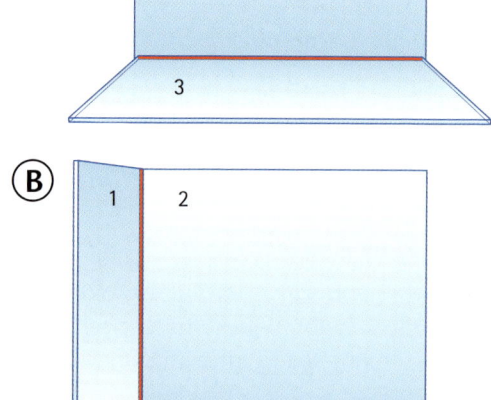

1 linke Seitenscheibe
2 Rückscheibe
3 Bodenscheibe
4 untere Frontscheibe
5 rechte obere Seitenscheibe
6 rechte untere Seitenscheibe
7 Stabilisierungssteg
8 Schiebetüren
9 Aluminiumstreifen
10 untere Schiebetürenschiene
11 Aluminiumwinkel
12 obere Schiebetürenschiene
G Gaze

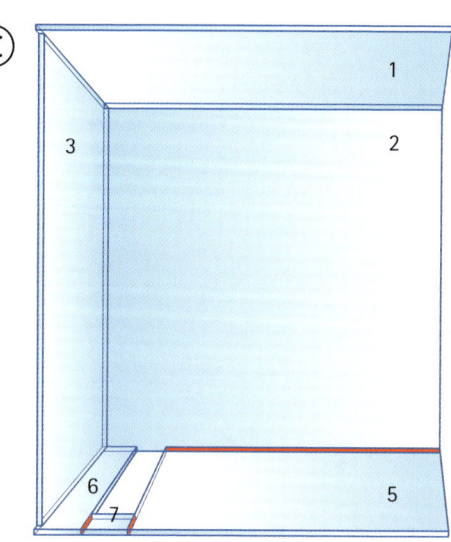

A Zuerst klebt man Boden- und Rückscheibe mit Silikonkautschuk zusammen.

B Ein Helfer klebt nun die beiden unterschiedlichen Seitenscheiben hinzu
und fixiert sie mit Klebeband und/oder
Gehrungszwingen

C Nach dem Aushärten des Silikonklebers
stellt man das Becken auf die Seite mit
dem zukünftigen Lüftungsfeld und klebt
den Stabilisierungssteg (Glas) und die
noch fehlende Seitenscheibe an.

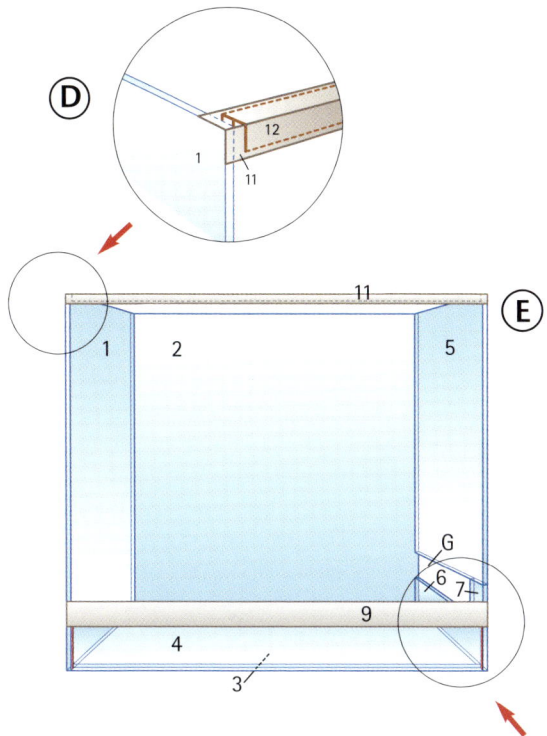

D Ein Aluwinkel wird auf die Vorderkanten der beiden Seitenscheiben geklebt und dort hinein anschließend die obere Führungsschiene für die Schiebetüren.

E Zimmerterrarium in der Gesamtansicht von vorn: Die untere Frontscheibe wird wie die Rückscheibe an die Schmalseite der Bodenscheibe geklebt.

Auf die untere Frontscheibe klebt man ebenfalls mit Silikonkleber eine Führungsschiene für die Frontscheiben und kaschiert sie mit einem Alustreifen, den man ebenfalls mit Silikonkautschuk befestigen kann. Die untere Führungsschiene muss niedriger sein als die obere, da man sonst keine Scheiben einsetzen kann.

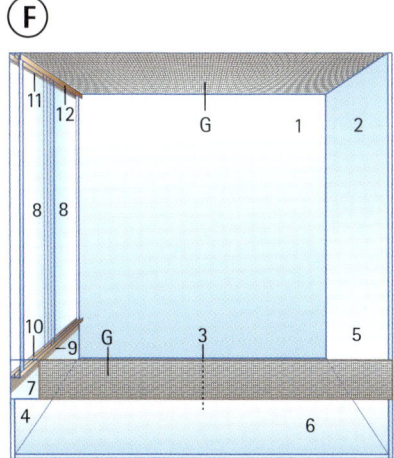

F Seitenansicht des Terrariums.

Die Technik

WICHTIG
Die Tiere müssen inner-
halb des Terrariums
zwischen unterschiedlich
temperierten Bereichen
selbst wählen können.

Um auch im künstlichen Lebensraum Terrarium ein für die Pflanzen und Tiere verträgliches Klima zu schaffen, benötigen Sie einige technische Geräte und Hilfsmittel.

Heizung

Viele Amphibienarten brauchen keine zusätzlichen Wärmestrahler, sondern ihnen genügt die Luftwärme, die durch die Raumtemperatur bestimmt wird. Einige Arten, vor allem aber bestimmte Baumfrösche, setzen sich auch ganz gern unter einen schwachen Wärmestrahler, um sich aufzuwärmen. Für Reptilien benötigt man oft sogar Wärmestrahler, die eine besonders hohe Strahlungswärme abgeben. Aber Temperaturen zwischen 35 und 40 °C reichen in ihrem Lichtkegel auch für sie gewöhnlich aus.

WICHTIG
Ist das Terrarium sehr
hoch, bringt man im
unteren und oberen
Bereich je ein Thermo-
meter an.

Luft- und Wassertemperaturen kann man stets an einem Thermometer ablesen, das man an einer Stelle anbringen sollte, die mittlere Temperaturwerte aufweist.

Heizfolie und Heizmatten
Diese Heizer eignen sich besonders gut, um Flächen gleichmäßig zu erwärmen. Damit die Tiere sie aber nicht ständig

Nach Ermittlung der klimatischen Ansprüche der Pfleglinge sollte man die erforderliche Beleuchtungs- und Heizdauer in ein solches Diagramm eintragen. Danach programmiert man dann monatlich die Zeitschaltuhr.

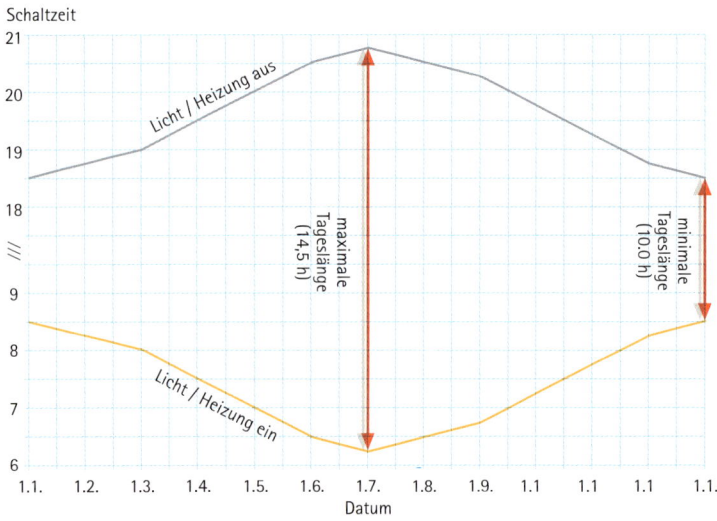

freischarren können, legt man Heizfolien und Heizmatten unter das Glasterrarium. Die Heizfläche sollte dabei kleiner sein als die Grundfläche, damit ein kühler bleibender Bereich gewährleistet wird. Pflanzen vertragen zum Beispiel keine warmen „Füße" und Tiere sollten sich auch an kühlere Stellen zurückziehen können.

Heizkabel

Heizkabel gibt es in unterschiedlichen Längen. Sie haben den Vorteil, dass man sie in Schleifen legen und dadurch unterschiedlich stark erwärmte Stellen schaffen kann. Man kann sie hinter einer Rückwand verlegen, aber auch als Bodenheizung verwenden.

Heizkabel sind entweder mit Plastik oder mit Blei ummantelt, wobei man darauf achten muss, dass die Kabelschnüre sich beim Verlegen nicht überkreuzen, da es an solchen Stellen sonst zu warm werden und die Ummantelung beschädigt werden kann.

Wenn man wenig oder kaum wühlende Arten pflegt und der Bodengrund recht tief ist, kann man das Kabel zum Erwärmen der Bodenschichten auch innerhalb des Terrariums installieren. Man verlegt es vor dem Einrichten gleich auf der Bodenplatte in Schleifen und fixiert es mit Klebestreifen. Dadurch schafft man einige weniger und einige stärker beheizte Stellen (siehe Abb.).

Das Kabel bedeckt man am besten mit einer Sandschicht und legt zum Schutz darauf ebenfalls eine Glasplatte und darüber den Bodengrund. Oder aber man gibt auf das Kabel eine Lehm- oder Tonschicht.

> **ACHTUNG**
> Grillen oder Heimchen, die als Futter verabreicht werden, können sich bis zum Kabel vorarbeiten und an der Ummantelung nagen. Dabei beschädigen sie oft das Heizkabel und machen es unbrauchbar. Vor allem Kunststoffummantelungen haben es diesen Insekten offenbar angetan.

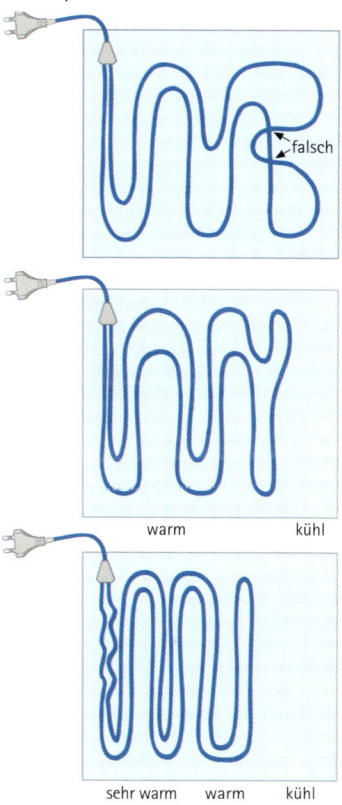

Durch die unterschiedliche Anordnung der Heizkabelschlingen erhält man verschiedene Temperaturzonen. Die Kabel dürfen sich allerdings nie überkreuzen wie in der Abbildung oben!

27

> **ACHTUNG**
> **Für kletternde Tiere muss der Strahler unbedingt unerreichbar sein!**

Spot- oder Konzentralampen

Obwohl man auch mit anderen Lampen Strahlungswärme erzeugen kann, sind Spot- und Konzentralampen jeder anderen vorzuziehen.

Bei Spot- oder Konzentralampen handelt es sich um Glühlampen mit versilbertem Grund. Im Gegensatz zu den vorgenannten Flächenheizern kann man mit diesen Lampen von oben einen bestimmten Terrarienbereich erwärmen und erreicht gleichzeitig eine allgemeine Erwärmung der Luft. Dabei wird auch optisch der Eindruck erweckt, dass es sich bei der bestrahlten Fläche um einen Sonnenfleck handelt.

In vielen Terrarien bieten die Lichtkegel der Spot-Strahler einen Sonnenbadeplatz.

Der bestrahlte Bezirk ist sehr begrenzt und die Temperaturen werden von innen nach außen immer niedriger. In seinem Mittelpunkt genügen gewöhnlich etwa 35 bis 40 °C. Nach dem Ausschalten kühlt die Luft – wie in der Natur – allmählich ab.

Spot- und Konzentralampen gibt es in verschiedenen Watt-Stärken. Je nach Größe verwendet man für sie gewöhnliche E14- oder E27-Fassungen.

Infrarotstrahler geben für uns unsichtbares Licht und sehr viel Wärme ab.

Bei Bodenbewohnern, wie vielen Echsen, vor allem aber Schildkröten, kann man die Strahler frei an einem Kabel über dem Boden hängen lassen und durch den Abstand die Temperatur regulieren.

Vor allem bei Amphibien muss der Strahler sich außerhalb des Terrariums befinden und von den Tieren durch ein Gazefeld getrennt sein, da sie sich daran sonst leicht verbrennen können. Ein Laubfrosch, der an eine ungeschützte Spot- oder Konzentralampe springt, kann erhebliche, wenn nicht sogar tödliche, Verbrennungen davontragen.

Infrarotstrahler

Diese Strahler geben das für uns unsichtbare, im Spektralbereich an Rot anschließende langwellige Infrarotlicht ab. Die Strahlen heizen sehr gut und können recht tief in das Gewebe eindringen.

Vor allem bei Schildkröten werden hin und wieder einmal Infrarotstrahler zugeschaltet, ansonsten aber Spot- oder Konzentralampen verwendet.

> **WICHTIG**
> Aquarien-Glasheizkolben müssen nur bis zum Wasserstandsanzeiger in das Wasser getaucht werden, da sie sonst zu heiß werden und platzen können!

Aquarienheizstab

Es gibt im Zoofachhandel Aquarien-Glasheizkolben in verschiedenen Wattstärken. Für Terrarianer sind vor allem solche mit regelbarer Heizleistung, also mit steuerbaren Thermostaten, von Bedeutung.

Bevor man mit dem Heizstab im Wasser herumhantiert, ist zuvor jedesmal unbedingt der Stromkreis zu unterbrechen, indem man den Stecker zieht.

Beim Kauf sollte man Niedervolt-Heizstäben den Vorzug geben, um Unfällen vorzubeugen.

Mit einem regelbaren Glasheizkolben kann man jederzeit die Temperatur des Wassers bestimmen.

29

Licht und Beleuchtung

ACHTUNG

Licht ist sowohl in der Tier- als auch in der Pflanzenwelt ein lebenswichtiger Faktor. Pflanzen werden bei zu geringem Licht heller und wachsen unnatürlich schnell. Bei zu viel Licht oder der falschen Lichtfarbe verändern sie ebenfalls oft ihre eigentliche Wuchsform.

Jeder weiß, dass es sowohl tag- als auch dämmerungs- und nachtaktive Tiere gibt. Viele Frösche und Kröten werden erst nach Einbruch der Dämmerung aktiv, ebenso viele Geckos und Schlangen.

In der Natur ist die Sonne die natürliche Lichtquelle. Ihr Licht setzt sich aus verschiedenen Farben zusammen, die sich in ihren Wellenlängen voneinander unterscheiden (siehe Abb. unten). Man misst die Wellenlängen der Lichtfarben in Nanometer (nm: milliardstel Meter). Strahlen mit einer Wellenlänge unterhalb von 380 nm (UV) und oberhalb von 780 nm (Infrarot) sind für Menschen nicht sichtbar.

Terrarien beleuchtet man zweckmäßigerweise mit Leuchtstofflampen. Ihre Wirkung lässt sich mit einem Reflektor etwas erhöhen.

Oft benötigen die Pflanzen in einem Lebensraum deutlich höhere Lichtwerte als die darin lebenden Tiere. Aber auch auf Tiere hat die Lichtqualität einen nicht zu unterschätzenden Einfluss. Erhöht man durch neue Lampen die Lichtintensität oder setzt man Frösche, Echsen oder Schildkröten aus einem Zimmerterrarium in eine Freiluft- oder Freilandanlage um und setzt sie dadurch plötzlich dem Tageslicht aus, so geraten sie

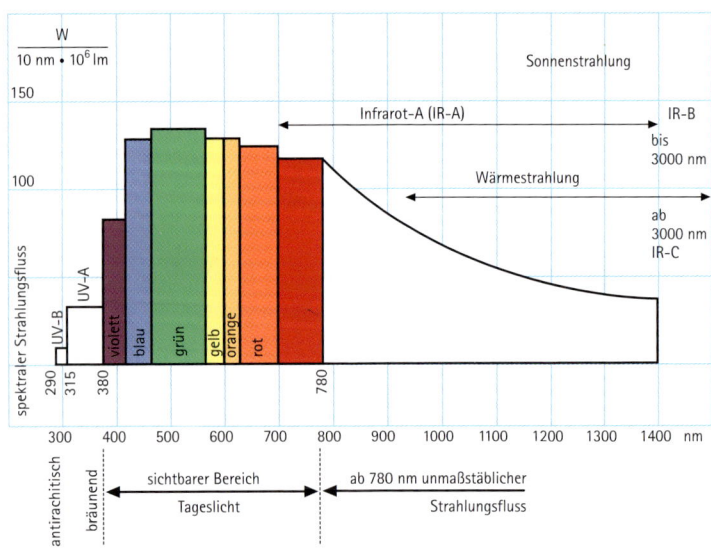

Die Wellenlängenbereiche der Sonnenstrahlung.

oftmals ebenso plötzlich in Fortpflanzungsstimmung. Ob dabei das hinzukommende UV-Licht eine Rolle spielt, ist ungewiss.

UV-Licht

Die Bedeutung der UV-Strahlung für das Wohlbefinden der Amphibien und vor allem der Reptilien wird von Terrarianern sehr unterschiedlich beurteilt. Einige sind der Meinung, man könne durch Vitaminpräparate, speziell durch D-3-Präparate, die Wirkung des UV-Lichtes vollständig ersetzen, da ihre Pfleglinge über viele Jahre hinweg gesund blieben und auch gesunden Nachwuchs erhielten. Andere schwören auf das zumindest zeitweise Zuschalten eines UV-Strahlers (zum Beispiel OSRAM-Ultra-Vitalux).

Einiges spricht auf alle Fälle für ein zeitweises Einsetzen von UV-Lampen: Das langwellige UV-A (315 – 400 nm) fördert offenbar Reproduktionsvorgänge in der Haut. Die damit bestrahlten Reptilien häuten sich regelmäßiger und problemloser als unbestrahlte. Bei der Bildung des Vitamins D3 spielt dagegen das mittelwellige UV-B (280 – 315 nm) eine wichtige Rolle: Es steigert die Aufnahme von Kalk aus dem Darm und ist daher für den Skelettaufbau von Bedeutung. So sollen UV-B-bestrahlte Reptilien-Jungtiere weniger Skelettdeformationen entwickelt haben als solche in einer unbestrahlten Kontrollgruppe. Leider wurden die dafür verantwortlichen Stoffwechselvorgänge bei Reptilien, aber auch bei Amphibien noch nicht näher untersucht, sodass Haltungs- und Zuchtergebnisse anderer Terrarianer auch in dieser Frage wertvolle Hinweise bieten können, wenn sie ihre Beobachtungen veröffentlichen. In den vielen wissenschaftlichen und populärwissenschaftlichen Zeitschriften wird häufig über die Haltung, Zucht und Aufzucht von Reptilien und Amphibien berichtet. Dabei fehlen aber die Angaben, ob und wie lange die Halter ihre Pfleglinge UV-Strahlen ausgesetzt haben beziehungsweise auch, welche Schäden eventuell zu beobachten waren, die durch fehlendes UV-Licht bedingt sein könnten.

Aber das UV-Licht kann noch eine ganz andere Wirkung haben: Schildkröten, Schlangen, Echsen und andere Reptilien, die jahrelang kein Interesse an einer Nachkommenschaft zeigten, geraten plötzlich, nach dem Dazuschalten von UV-Licht, in Fortpflanzungsstimmung.

> **WICHTIG**
> UV-Lampen dürfen nur einmal pro Tag für etwa 20 Minuten hinzugeschaltet werden und müssen von den Tieren einen Abstand von mindestens 1 m haben.

ACHTUNG

Wenn Sie Lampen umbauen, und sei es nur geringfügig, erlischt automatisch ihre Betriebserlaubnis. Dasselbe gilt, wenn Sie die Metallfassung in einer Lampe gegen eine Porzellanfassung austauschen! Dann besteht kein Versicherungsschutz mehr. Lassen Sie Lampen nur von einem Fachmann umbauen!

Die Wahl der Beleuchtungskörper

Bei der Auswahl der Beleuchtungskörper sollten Sie auf die technischen Angaben der Lampenhersteller achten. Dabei sind vor allem 2 Kenngrößen wichtig:

1. die Farbtemperatur: sie wird in Kelvin (K) angegeben. Licht mit einer Farbtemperatur zwischen 4500 und 6500 K bezeichnet man als Tageslicht.

Grundsätzlich erscheint Licht mit steigenden Kelvin-Werten weißer und kälter – die Anteile an violetten, blauen und grünen Spektralfarben nehmen zu. Lampen mit niedrigen Kelvin-Werten verbreiten ein wärmeres Licht, haben also einen höheren Orange- und Rotanteil.

2. der Ra-Index: er beschreibt die Farbwiedergabe der Lampe. Der Index umfasst eine Skala von 0 bis 100, wobei die höchste Zahl die beste Farbwiedergabe bedeutet.

Für Ihre Terrarienbewohner sollten Sie Leuchtkörper mit möglichst hohen Ra-Indices und K-Werten auswählen, die denen des Tageslichts nahe kommen. Auf den folgenden Seiten werden die für Terrarianer wichtigsten Beleuchtungskörper vorgestellt.

Glühbirnen

Als Beleuchtungskörper spielen Glühbirnen in der Terraristik nur eine untergeordnete Rolle. Lediglich als schwache Licht- und Heizquelle, etwa bei der Zucht von Futtertieren, setzt man sie noch ein. Außerdem kann man rote oder blaue Glühbirnen bei der Haltung nachtaktiver Tiere verwenden. Diese Lampen schaltet man ein, sobald die normale Beleuchtung ausgeschaltet ist. Denn sie werden auch von nachtaktiven Amphibien und Reptilien als nicht störend akzeptiert und ermöglichen dem Menschen ein Beobachten der Tiere selbst in der Dämmerung.

Leuchtstofflampen

Bei der Beleuchtung von Zimmerterrarien werden Leuchtstofflampen bevorzugt, da sie eine große Lichtausbeute haben und bei der richtigen Wahl außerdem die beste Farbwiedergabe. Durch den Einsatz unterschiedlicher Röhren kann man das Licht auch so mischen, bis das gewünschte Spektrum erreicht ist.

Leuchtstofflampen sind im Handel in verschiedenen Längen und dadurch auch in unterschiedlichen Watt-Stärken erhältlich. Die Palette reicht von einer Länge von 65 cm (20 Watt) bis zu einer Länge von 150 cm (65 Watt). Außerdem werden kleinere Spezial- sowie ringförmige und U-förmige Leuchtstofflampen angeboten.

Am einfachsten und ungefährlichsten ist es, fertig montierte Leuchtstofflampen zu kaufen, die es komplett mit Vorschaltgerät gibt. Geeignet sind aber auch fertige Aquarienlampen mit Reflektor. Eine andere Möglichkeit ist es, sich für ein großes, selbst gebautes Zimmerterrarium einen Beleuchtungskasten aus Holz zu bauen und sich darin von einem Fachmann die Leuchtstofflampen installieren zu lassen. Dabei sollte man mit ihm vorher die Maße absprechen. Er kann auch die wärmeabstrahlenden Vorschaltgeräte außerhalb des Beleuchtungskastens anbringen, etwa in einem Schrank oder einem Regal unter dem Terrarienboden, sodass sie als Bodenheizung dienen.

Gerade auf dem Lampenmarkt hat sich in den letzten Jahren einiges getan. Um den Pflanzenwuchs positiv zu beeinflussen, gibt es auch Leuchtstofflampen mit dem für Pflanzen optimalen Lichtspektrum.

> **TIPP** Da Leuchtstofflampen mit der Zeit immer schwächer werden, sollte man sie nach etwa einem Jahr gegen neue austauschen.

Leuchtstofflampen gehören zu den meistgebrauchten Lichtquellen für Terrarien.

ACHTUNG

Bei HQL-Lampen ist wegen der großen Wärmeentwicklung und des UV-Anteils unbedingt auf den erforderlichen Sicherheitsabstand zu Tieren und Pflanzen zu achten! Halten Sie sich an die Betriebsanleitung.

Künstliches Sonnenlicht

Die Sonne und ihr Strahlenspektrum waren bisher künstlich nicht nachzuahmen. Deshalb ist es nicht verwunderlich, dass man sich immer wieder bemühte, Lampen mit einem ähnlichen Lichtspektrum zu entwickeln.

Quecksilberdampf-Hochdrucklampen (HQL-Lampen)

Diese Lampen gibt es ebenfalls bereits komplett mit Vorschaltgeräten, die ein Fachmann aber auch genauso gut separat montieren kann. Ihre Farbtemperatur liegt zwischen 2900 und 4100 K, also Werten, die auch von Leuchtstofflampen erreicht werden können.

Leider sind die HQL-Lampen in der Anschaffung recht kostspielig, haben einen geringeren Ra-Index, eine große Wärmeentwicklung und zum Teil hohe UV-Anteile.

Halogen-Metalldampflampen (HQI-Lampen)

Diese Lampen haben Farbtemperaturen zwischen 3000 und 6000 K und garantieren eine gute Farbwiedergabe. Sie sind aber nicht ungefährlich, denn neben UV-A- und UV-B-Strahlen geben sie auch die schädlichen UV-C-Strahlen ab.

Außerdem sind sie verhältnismäßig teuer. Bei der Haltung von Wüsten- oder Hochgebirgstieren sind die Strahler aber wegen ihrer hohen Lichtausbeute und ihrer dem Sonnenlicht

Einige ausgewählte Lampen

Spektrumzusammensetzung in %				
Lampenart	Sichtbare Strahlen	UVA	UVB	UVC
Osram Fluora (LL)	98.1	1.7	0.1	0.1
Osram Dulux (Kompakt Lampe)	16.6	83	0.2	0.1
Repti-Glo	97.5	2.1	0.3	0.1
Reptisun 2.0	91.1	8.4	0.4	0.1
Power-Glo (LL)	96.7	2.8	0.4	0.1
Sun-Glo (LL)	95.1	4.2	0.6	0.1
Osram Eversun (LL)	97	88.9	1.2	0.2
Osram Ultra-Vitalux (MLL)	77.9	19.7	2.2	0.2
Reptisun 5.0 (LL)	57.2	37.4	5.1	0.2
Philips TL 12 (LL)	11.2	43.9	43.4	1.5
Philips TL 20 (LL)	21.3	30.5	47.3	0.8

Lichtausbeute

Die Lichtausbeute einer Lichtquelle ist ein Maß für die Energieausnutzung, angegeben in Lumen pro Watt (lm/W).

Lampenart	Lichtausbeute (lm/W)	Lebensdauer in Stunden
Glühlampen	10–15	1
Halogenlampen	15–25	2
Kompakt-Leuchtstofflampen	60–80	8
Stabförmige Leuchtstofflampen	60–100	etwa 12
Halogen-Metalldampflampen	60–100	etwa 8
Natrium-Hochdrucklampen	100–150	etwa 16
Natrium-Niederdrucklampen	150–200	etwa 9

WICHTIG

Um die schädlichen UV-C-Strahlen herauszufiltern, muss sich zwischen HQL-, vor allem aber HQI-Lampen und Lebewesen stets eine Filterscheibe befinden. Beachten Sie hierzu unbedingt die Betriebsanweisungen und lassen Sie sich von einem Fachmann beraten.

	Temperatur-strahlung	Gas-entladung	Lumineszenz-strahlung
Natürliche Quelle	Sonne	Blitz	Glühwürmchen
Kunstquelle	Glühlampen	Quecksilber-Hochdruck-Lampe (z. B. HQL)	Leuchtdioden
	Halogen Glühlampen	Halogen-Metalldampf-Lampe (z. B. HQI)	
		Mischlichtlampen (MLL) (z. B. HWL, Ultra-Vitalux)	Leuchtstofflampen LL (Leuchtstoffröhren)

ähnlichen spektralen Zusammensetzung besonders vorteilhaft. Ihre erhebliche Wärmestrahlung muss man allerdings unbedingt berücksichtigen und die Lampen in einem Abstand von mindestens 1 m zu den Tieren und Pflanzen anbringen.

Der Umgang mit Lampen, die in ihrem Lichtspektrum auch UV-Licht ausstrahlen, erfordert ein besonders hohes Maß an Verantwortungsbewusstsein. Um die schädlichen UV-C-Strahlen herauszufiltern, muss sich vor allem zwischen HQI-Lampen und Lebewesen stets eine Filterscheibe befinden. Tiere, die künstlich zu stark UV-B-, vor allem aber UV-C-Strahlen ausgesetzt wurden, erkennt man an ihren geschwollenen Augen.

Vor allem für Wüstentiere, aber auch für Hochgebirgsarten sind HQL-Lampen unverzichtbar.

Be- und Entlüftung

WICHTIG

Wie der Mensch haben auch Tiere und Pflanzen stets das Bedürfnis nach frischer Luft. Deshalb muss die Belüftung eines Terrariums sehr ernst genommen werden.

Wer mag schon stickige, verbrauchte Luft? Auch Tiere und Pflanzen haben das Bedürfnis nach Frischluft. Deshalb ist auch in einem Terrarium für einen steten Luftaustausch zu sorgen. Um dies zu gewährleisten, werden Terrarien schließlich mit Be- und Entlüftungsfeldern versehen. Den physikalischen Gesetzen folgend entweicht erwärmte Luft durch das Entlüftungsfeld im Deckel des Zimmerterrariums und zieht durch das Belüftungsfeld Außenluft in das Terrarium. Hat das Terrarium versetzte Schiebescheiben, wird auch ein geringer Luftanteil durch den vorhandenen Schlitz zwischen den Schiebescheiben nach innen gesogen.

Bei einer falschen Anordnung der Lüftungsfelder kann es zu Durchzug kommen (Abb. unten a), der bei den Tieren Erkältungskrankheiten zur Folge haben kann.

TIPP

Technisch versierte Terrarianer können im Terrarium Messfühler einbauen. Sobald eine bestimmte Maximaltemperatur überschritten wird, schaltet sich automatisch ein Ventilator ein.

Wie viel Frischluft ist notwendig?

Leider sind die Luftmengen, die in ein Zimmerterrarium strömen und es verlassen, nicht genau messbar. Da es dabei auf die jeweiligen Temperaturverhältnisse innerhalb und außerhalb des Terrariums ankommt, ändern sich die Luftströme im Verlaufe eines Tages auch. Sind die Temperaturen draußen viel niedriger, entsteht im Terrarium ein stärkerer Luftstrom, als wenn sie sich nur geringfügig unterscheiden. Sobald sich Außen- und Innentemperaturen aneinander angeglichen haben, wird der Sog geringer.

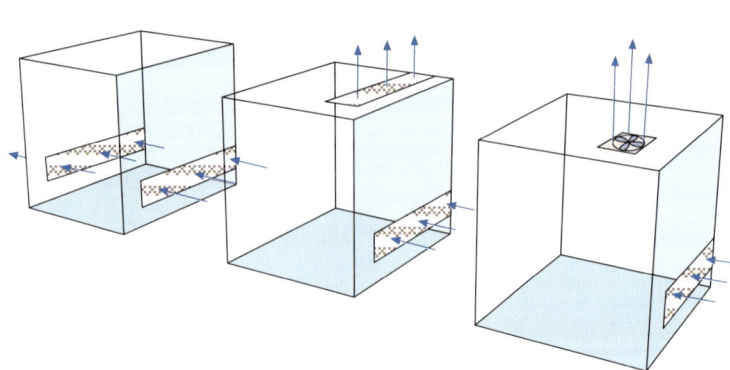

Anordnung der Belüftungsfelder: falsch (Abb. links); richtig (Abb. Mitte und rechts).

Nachdem sich am Abend die Beleuchtung, eventuell auch die Heizung, ausgeschaltet hat, kann es sein, dass nach einiger Zeit die Frischluftzufuhr endet und keine Luftzirkulation mehr stattfindet. Auch in der Natur sinken die Temperaturen abends und nachts und die Luftfeuchtigkeit steigt dadurch an. Dann kondensiert das Wasser häufig an den Scheiben und den Einrichtungsgegenständen und es bleibt zu viel Feuchtigkeit im Terrarium zurück.

Ist man mit der Be- und Entlüftung seines Terrariums nicht zufrieden, weil es immer etwas muffig riecht, kann man sich mit einem kleinen Ventilator behelfen. Man bekommt solche Ventilatoren als einfache Bausätze in Geschäften für Bastelbedarf.

Bei der Wahl des Ventilators ist unbedingt das Volumen des Terrariums zu beachten und dass er geräuscharm läuft. Mithilfe einer Zeitschaltuhr kann er auch immer nur bei Bedarf eingeschaltet werden. Hat man ein sehr großes Terrarium, kann er zeitweise die Luft darin bewegen und bestehende Temperaturunterschiede ausgleichen.

> **WICHTIG**
> Der Ventilator ist auf alle Fälle außerhalb und oberhalb des Terrariums so anzubringen und einzustellen, dass er dem Terrarium Luft entzieht und nicht hineindrückt!

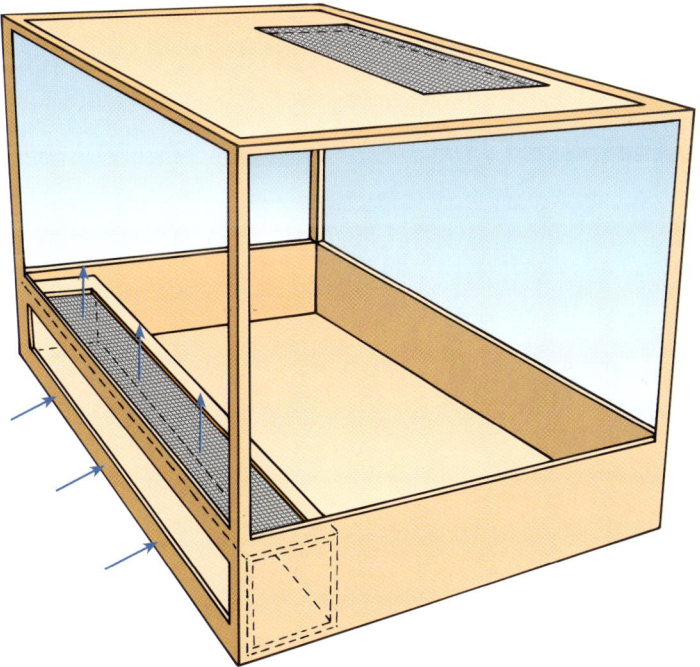

Im Handel erhältliche Terrarien haben inzwischen fast alle eine Kastenlüftung, durch die die Frontscheiben in der Regel nicht beschlagen können.

Luftfeuchtigkeit

Sobald nach dem Abschalten der Beleuchtung die Temperaturen etwas sinken, erhöht sich automatisch die Luftfeuchtigkeit, genauer die relative Luftfeuchtigkeit. Sie gibt in Prozentwerten das Verhältnis der herrschenden zu der bei der jeweiligen Temperatur höchstmöglichen Luftfeuchtigkeit (Sättigung) an.

Da die Luft mit sinkender Temperatur weniger Wasserdampf aufnehmen kann, das heißt schneller gesättigt ist, steigt mit sinkender Temperatur im Terrarium die relative Luftfeuchte. Um innerhalb des Terrariums mit einem Blick die relative Luftfeuchtigkeit feststellen zu können, sollten Sie etwa in halber Höhe des Behälters ein Hygrometer aufhängen.

Steuerung der Luftfeuchtigkeit

● Bei Sumpfterrarien ist das Belüftungsfeld gewöhnlich dicht über der Wasserfläche angebracht, sodass die einströmende Frischluft automatisch auch Feuchtigkeit aufnimmt.

An einem Thermometer kann man jederzeit die Temperatur, an einem Hygrometer die relative Luftfeuchtigkeit ablesen.

Aber selbst wenn es den Tieren zu trocken würde: der vorhandene Wasserteil bietet ihnen jederzeit die Möglichkeit, ins Wasser zu gehen.

● In kühlen Waldterrarien ist der Bodengrund durch regelmäßiges Sprühen immer leicht feucht zu halten, wodurch eine genügend hohe Luftfeuchtigkeit erreicht wird.

● In Regenwaldterrarien müssen die Pflanzen häufiger besprüht werden. Auch dabei steigt automatisch die Luftfeuchtigkeit.

● In Savannen- und Wüstenterrarien ist eine geringe Luftfeuchte erwünscht und dementsprechend muss nur spärlich gesprüht werden. Dennoch haben auch Wüstentiere einen bestimmten Feuchtigkeitsbedarf. In Anpassung an ihren Lebensraum graben sie häufig Gänge in den Bodengrund und schützen sich darin vor Überhitzung und Austrocknung. Denn ihre Höhlen und Gänge sind in der Natur immer leicht feucht und es herrscht darin stets eine ausreichend hohe Luftfeuchtigkeit.

Es ist übrigens leichter, die Luftfeuchtigkeit zu erhöhen als sie
zu senken. Bildet sich nach dem Abschalten der Heizung und
Beleuchtung an den Scheiben Kondenswasser, kann
man mit einem Ventilator die feuchte Luft absaugen und
trockenere Luft über das Belüftungsfeld nachströmen lassen.
Dabei muss natürlich die Außenluft deutlich trockener sein,
sonst hat man für das Terrarium den falschen Standort gewählt.

> **WICHTIG**
> **Die Gänge und Höhlen
> von Wüstentieren müs-
> sen immer leicht feucht
> gehalten werden, indem
> man die unteren Boden-
> schichten konstant leicht
> feucht hält!**

*Im tropischen Regen-
wald ist die Luft mit
Wasserdampf nahezu
gesättigt.*

Die pflegeleichte Gebänderte Wassernatter ist auch für Neueinsteiger gut geeignet.

Terrarien als Lebensraum

WICHTIG

Bei zu dicht gewordenem Pflanzenwuchs muss auch wieder etwas zurückge-schnitten werden.

Die Bezeichnungen der einzelnen Zimmerterrarien-Typen sind nicht wissenschaftlich festgelegt. Manche Autoren unterscheiden zwischen ungeheizten und geheizten, trocke-nen, halb feuchten und feuchten Terrarien. Dabei versuchen sie, das im Terrarium herrschende Klima zu umschreiben, was aber aufgrund der vielfältigen tatsächlichen kleinklimatischen Möglichkeiten nur unzureichend gelingt. Auch geben die Bezeichnungen zu wenig Auskunft darüber, aus welchen Lebensräumen die Tiere kommen. Aus diesem Grunde wer-den die Terrarientypen häufig lieber nach den Lebensräumen benannt, die sie nachahmen sollen. Man spricht also von

● Sumpfterrarien
● Waldterrarien
● Regenwaldterrarien
● Savannenterrarien
● Steppenterrarien
● Halbwüstenterrarien
● Wüstenterrarien
● Felsenterrarien oder auch Hochgebirgsterrarien

Die klimatische Variationsbreite innerhalb der erwähnten Lebensräume ist aber immer noch so groß, dass die Kenntnis der Lebensbedingungen der einzelnen Terrarienbewohner in jedem Fall ein unbedingtes Muss ist, will man die Tiere artgerecht halten und vermehren. Denn auch die genannten Großlebensräume weisen sonnigere und schattigere, wärmere und kühlere, trockenere und feuchtere Stellen auf. Außerdem gibt es Tiere, die reine Bodenbewohner sind und daher eine entsprechend große Grundfläche benötigen. Andere sind gute Kletterer und verlangen zu ihrem Wohlbefinden Einrichtungsgegenstände, die sie beklettern können (Wurzeln, Rückwände, Äste, Zweige etc.). Das Terrarium darf mit Dekorationsmaterial und Pflanzen jedoch nicht überladen werden.

Zum Glück gibt es viele Tierarten, die es tolerieren, wenn die ihnen gebotenen Bedingungen nicht ganz den idealen entsprechen und die sich sogar bei weniger günstigen Verhältnissen vermehren.

> **WICHTIG**
> Die Einrichtung eines Terrariums muss immer übersichtlich sein, damit man die Pfleglinge stets kontrollieren kann, ohne jedesmal das Terrarium durchwühlen zu müssen.

Chinesische Rotbauchunke in einem einfachen Sumpfterrarium. Einige Kieselsteine und Moospolster bilden die notwendige Insel.

41

Sumpfterrarien

WICHTIG
Die Tiere müssen stets
ohne Schwierigkeiten
vom Wasser auf den
Landteil gelangen
können.

Häufig wird das Sumpfterrarium auch als Aqua-Terrarium
oder Paludarium (lat. *Palus* = Sumpf) bezeichnet. Es handelt
sich dabei im Wesentlichen um ein Aquarium mit eingebau-
tem Landteil, das man zur Pflege weitgehend aquatisch oder
amphibisch lebender Tiere einrichtet.

Der Landteil

● Bei kleineren Sumpfterrarien ist es am einfachsten, als
Landteil einen oder einige größere flache, mit Javamoos
(Vesticularia dubyana) bewachsene Steine so in den Wasserteil zu legen, dass die Steine über die Wasseroberfläche
hinausragen (Abb. unten).
● In größere Sumpfterrarien setzt man eine Pflanzen-
schale ein (siehe Abb. S. 45 oben links) oder klebt mit Silikonkautschuk als Abgrenzung zum Wasserteil einen Glasstrei-
fen in das Becken (siehe Abb. S. 45 unten).
● Nach einer Dichtigkeitsprobe kann man den Landteil je
nach Bedarf mit Sand, feinem Kies oder mit einem Gemisch
aus Walderde (Buchenwald) und Sand (im Verhältnis 1:1)
füllen und dort die Pflanzen einsetzen.
● Um Gewicht zu sparen, kann man den Landteil auch mit
Blähtonkugeln füllen und darüber Moospolster geben.

*Ein einfach eingerichtetes
Sumpfterrarium besteht
aus Kies als Bodengrund
und einem bewachsenen
Stein als Insel.*

Damit die Tiere das Gewässer problemlos verlassen können,
brauchen sie eine in das Wasser ragende Uferzone. Man kann
sie bei niedrigem Wasserstand
aus Steinen, bei höherem aus
einem Stück Korkrinde gestalten (siehe Abb. S. 43).

Bei vielen Amphibien ist der
Landteil weitgehend feucht zu
halten. Vor allem bei Reptilien
muss er dagegen zumindest
stellenweise völlig trocken
werden können. Daher hängt
bei ihnen über dem Landteil
ein Wärmestrahler, unter dem
sich die Pfleglinge aufwärmen
können.

Seitenansicht eines großen Sumpfterrariums. Als Übergang vom Wasser- zum Landteil dient hier ein Korkeichenstück.

Der Wasserteil

Durch Kot und Futterreste wird der Wasserteil ständig verschmutzt und das Wasser dadurch belastet. Daher ist ein Wasserwechsel nach einiger Zeit unumgänglich. Bei der Pflege größerer Tiere kann er sogar täglich erforderlich sein. In solchen Fällen verzichtet man besser auf eine Bepflanzung des Wasserteiles und stattet ihn mit einem Abfluss aus. Bei größeren Sumpfterrarien kann man das Wasser auch durch eine Filteranlage reinigen lassen wie sie für Aquarien angeboten werden. Ist eine Erwärmung des Wassers erforderlich, installiert man einen Aquarienheizstab oder verwendet gleich eine Filteranlage mit eingebauter Heizung.

> **ACHTUNG**
> **Damit die Terrarienbewohner sich nicht erkälten, muss die Lufttemperatur tagsüber stets höher sein als die des Wassers.**

SPECIAL

Einrichtungsbeispiele für Sumpfterrarien

Will man größere Tiere wie Wasserschildkröten, Wasseragamen oder Schlangen pflegen, sollte man auf eine Bepflanzung des Wasserteils verzichten. Bei der Bepflanzung der Landzone gilt es zu bedenken, dass die Tiere bereits durch ihr Gewicht und ihre Bewegungen den Bewuchs ständig niederwalzen würden.

Pflanzenfresser unter den Reptilien betrachten darüber hinaus die Pflanzendekoration oft als willkommene Bereicherung ihres Speiseplans. Dennoch braucht man bei sehr hohen Terrarien nicht auf jegliches Grün zu verzichten, die Pflanzen müssen nur für die Tiere unerreichbar sein. So eignen sich beispielsweise Ampelpflanzen, die man im oberen Terrarienbereich einbringt und die dann bis zu einem gewissen Punkt herabwachsen können. Oder aber man befestigt außer Reichweite der Pfleglinge einen hübsch bepflanzten Epiphytenast (Epiphyten sind Aufsitzerpflanzen).

Im Milieu des beheizten Sumpfterrariums gedeihen nicht nur zahlreiche bekannte tropische Zimmerpflanzen hervorragend, sondern auch viele attraktive Farne, Orchideen und Bromelien, die auf der Fensterbank des Wohnzimmers dagegen bald eingehen würden.

Geräumige Sumpfterrarien bieten mit ihrem Wasser- und Landteil besonders viele Möglichkeiten, Pflanzen mit extrem unterschiedlichen Bedürfnissen anzusiedeln.

In einem Sumpfterrarium ohne Landteil, wie es etwa zur Pflege von Krallenfröschen oder Wabenkröten eingesetzt wird, können Sie ebenfalls Ampelpflanzen (in Gärtnereien erhältlich) im oberen Terrarienbereich an einem Haken befestigen. Eine weitere Möglichkeit ist ein Pflanzkasten oberhalb der Wasseroberfläche (siehe Abb. S. 45 oben rechts).

Denken Sie aber daran: Ein überladen wirkendes Sumpfterrarium ist nicht sehr dekorativ, sondern wirkt unordentlich. Optimal eingerichtete Sumpfterrarien sind dagegen ein Blickfang für jede Wohnung.

Praktisches Zimmerterrarium für Sumpf- und Wasserschildkröten. Ein Steg führt zu ihrem Landteil und Eiablageplatz.

Das Sumpfterrarium hat eine Insel, auf der ein Epiphytenstamm kultiviert wurde.

Sumpfterrarium ohne Landteil. Eine hübsche Pflanzendekoration ist dennoch möglich. Man bringt dazu über dem Wasserteil einen Pflanzkasten an.

Großes Sumpfterrarium mit eingeklebter Trennscheibe als Abgrenzung zwischen Wasser- und Landteil.

Waldterrarien

WICHTIG

In Waldterrarien darf die Temperatur kaum über 18 bis 20 °C steigen, sodass man bei der Wahl des Standortes oft auf einen kühlen Kellerraum ausweichen muss. Denn selbst in ungeheizten Wohnräumen kann im Sommer die Temperatur auf über 20 °C steigen.

Die Einrichtung dieser Terrarien richtet sich nach den klimatischen Bedingungen, die in Laubwäldern der gemäßigten Breiten herrschen. Ein Waldterrarium zeichnet sich durch seine relativ niedrigen Temperaturen und seine hohe Luft- und Bodenfeuchtigkeit aus. Deshalb müssen die eingesetzten Pflanzen fast täglich leicht besprüht oder überbraust werden. Bewohner von Waldterrarien sind vor allem landlebende Amphibien (zum Beispiel Salamander und Kröten) der gemäßigten Breiten. Zu hohe Temperaturen sind für sie und die dazugehörigen Pflanzen lebensbedrohlich. In einem Waldterrarium dürfen die Pfleglinge im Verlaufe eines Tages nur verhältnismäßig schwachen Temperaturschwankungen ausgesetzt werden und eine direkte Sonneneinstrahlung ist unbedingt zu vermeiden.

Der Bodengrund

Als Bodengrund eignet sich ein Gemisch aus Walderde (Buchenwald) und Sand im Verhältnis 1:1. Bei großen Waldterrarien mit hohem Bodengrund sollten Sie eine Dränageschicht aus mittelgrobem Kies einbringen, bevor Sie den eigentlichen Bodengrund darüber schütten. Gräbt man dabei

Ein Baumstubben als Versteckmöglichkeit und Farn und Efeu bestimmen das Bild dieses Waldterrariums.

einen Trichter mit dem schmalen Tubus nach oben ein, kann man durch ihn eventuell mit einem dünnen Schlauch und einer Spritze überschüssiges Wasser absaugen.

Bepflanzung und Dekoration

Für kleinere Waldterrarien eignen sich als Bepflanzung vor allem klein bleibende Farne und Bodendecker, Efeu und Moose.

Für größere Behälter kann man als Blickfang auch größer werdende Farne und Bodendecker verwenden. Eine Wurzel mit ihren Hohlräumen dient als Kletter- und Versteckmöglichkeit. Einige trockene Blätter können zum Beispiel kleinen Fröschen oder ähnlichen Tieren als Versteckmöglichkeit dienen.

TIPP Setzen Sie alle Pflanzen in Töpfen in den Bodengrund, um sie bei Bedarf ohne Wurzelbeschädigung jederzeit wieder herausnehmen zu können.

ACHTUNG
In Waldterrarien kommt es im Bodengrund leicht zur Bildung von Staunässe, daher ist bei ihnen die Bodenfeuchtigkeit durch die Glasscheiben immer im Auge zu behalten und das Sprühen eventuell einzustellen.

Neben Wurzeln und Farnen gehört zur Einrichtung eines Waldterrariums für Frösche auch eine Wasserschale.

Regenwaldterrarien

Sie zeichnen sich durch ihre üppige Bepflanzung aus. Der damit verbundene hohe ästhetische Schauwert ist auch der Grund, warum Regenwaldterrarien zu den beliebtesten Zimmerterrarien gehören.

Mit etwas technischem Aufwand kann man die klimatischen Bedingungen eines tropischen Regenwaldes durchaus nachahmen. Die Lufttemperaturen müssen in Bodennähe ungefähr 23 °C, im oberen Bereich etwa 28 °C erreichen. Die relative Luftfeuchtigkeit sollte zwischen 70 und 95% schwanken. Wie in einem tropischen Regenwald nimmt auch in einem Regenwaldterrarium die Lichtintensität von oben nach unten ab. Daher ist die Beleuchtung so abzustimmen, dass der Bodenbereich viele schattige Stellen aufweist. Lediglich bei der Pflege licht- und wärmeliebender Arten muss ein zusätzlicher Strahler installiert werden.

Die im Regenwaldterrarium gewünschten Temperaturen und die richtige Beleuchtung erreicht man durch Lampen, die man über der Terrarienabdeckung anbringt. Ihre Anzahl und Stärke richtet sich nach der Größe und Höhe des Terrariums. Bei reinen Bodenbewohnern kann man auch den Wärmestrahler so in das Terrarium hängen, dass sich die Tiere darunter aufwärmen können.

Der Bodengrund

Als Bodengrund eignet sich ein Gemisch aus Walderde (Buchenwald) und Sand im Verhältnis 1:1. Anstelle der Walderde kann man auch Blumenerde verwenden, allerdings nur solche, die völlig frei von Zusätzen (Biozide, Dünger) ist, da man sonst die Gesundheit der Pfleglinge gefährdet.

In kleineren Terrarien, die eine höhere Luftfeuchtigkeit aufweisen sollen, eignen sich auch Blähtonkugeln als Bodengrund. Durch Bodendecker werden diese bald überwuchert und unsichtbar.

Bepflanzung und Dekoration

Obwohl in einem tropischen Regenwald gewöhnlich nur wenige Aufsitzerpflanzen (Epiphyten) wachsen, sie sich in einem Regenwaldterrarium aber besonders gut halten, bildet

ACHTUNG
Bei kletternden Arten muss auch der Wärmestrahler unbedingt außerhalb des Behälters bleiben.

TIPP Für Terrarien, in denen eine höhere Luftfeuchtigkeit herrschen soll, eignen sich auch Blähtonkugeln als Bodengrund, da sie nicht schimmeln können. Durch Bodendecker werden diese bald überwuchert und fallen dann nicht mehr ins Auge.

ein reich bepflanzter Epiphytenstamm häufig den Mittelpunkt der Einrichtung (Abb. unten).

Weitere Möglichkeiten, attraktive Epiphyten anzusiedeln,
bietet eine Rückwand aus Rindenstückchen der Korkeiche.
Die Rindenstückchen kann man mit Silikonkautschuk auf eine
Glasscheibe oder Eternitplatte kleben, die man vor die Rück-
wandscheibe setzt.

Für die Wahl der Bodenpflanzen ist die Größe des Terrariums entscheidend. Grundsätzlich sollten sie auch hier in jeweils einem eigenen Pflanzcontainer oder Blumentopf in den
Bodengrund eingegraben werden, da man sie dann bei Bedarf wieder einfach aus dem Terrarium entfernen und durch
andere ersetzen kann.

Bei sehr hohen Terrarien wirken Ampelpflanzen äußerst ansprechend und bieten den Tieren zusätzliche Klettermöglich-
keiten.

Auch in einem Regenwaldterrarium ist ein Zuviel an
Pflanzen eher hinderlich und sieht außerdem nicht schön
aus.

> **ACHTUNG**
> In der „Regenzeit" muss
> die Einrichtung täglich
> einmal leicht überbraust
> werden. Anschließend
> muss das Terrarium gut
> gelüftet werden, damit
> die relative Luftfeuchtig-
> keit bis zum Ende des
> Tages wieder deutlich
> gesunken ist.

> **WICHTIG**
> Für manche Arten, zum
> Beispiel Dendrobatiden
> (Froscharten), muss man
> auch beim Regenwald-
> terrarium einen kleinen
> Wasserteil einplanen.

*Regenwaldterrarium mit
Epiphytenstamm und
kleiner Wasserschale.*

Savannenterrarien

Savannen gibt es in den tropischen und subtropischen Regionen. Ihr Klima wird durch eine kurze Regenzeit und lange Trockenperioden bestimmt.

Gewöhnlich sind Savannen mit widerstandsfähigen Gehölzen durchsetzte Grasländer. Die dort lebenden Pflanzen und Tiere sind an ein Leben in den häufig unwirtlich anmutenden Regionen sehr gut angepasst und benötigen auch im Terrarium eine darauf abgestimmte Einrichtung und Pflege. So muss zum Beispiel die Beleuchtung stimmen und es werden ähnlich hohe Lichtstärken benötigt wie im Wüstenterrarium.

Savannenterrarium mit Steinhöhle und Klettermöglichkeit.

Der Bodengrund

Als Bodengrund eignet sich Lehm oder Sand mit hohem Lehmanteil. In den unteren Schichten muss es immer leicht feucht bleiben (Handhabung siehe „Steppen- und Wüstenterrarien" S. 52/53).
Die Höhe des Bodengrundes richtet sich danach, ob die Tiere vorwiegend darauf leben oder ob sie gern Gänge darin graben. Im ersten Fall genügen einige Zentimeter, im zweiten Fall muss die Höhe des Bodengrundes schon mindestens die doppelte Tierhöhe aufweisen.

Bepflanzung und Dekoration

Savannenterrarien kann man zum Teil mit kräftigen Gräsern und stachelfreien Sukkulenten bepflanzen, um den optischen Eindruck eines Savannenausschnitts zu erreichen. Wolfsmilchgewächse (Euphorbien) sollte man bei größeren Tierarten nicht als Dekoration verwenden, da sie, wenn sie beschädigt werden, ihren giftigen „Saft" ausscheiden und den Pfleglingen schaden könnten.

Trockene Grasbüschel können als zusätzliche Dekoration verwendet werden. Ein Wurzel- oder Rindenstück dient als Kletter- und Versteckmöglichkeit. Bei Bedarf kann außerdem eine kleine Gruppe aus festgefügten Steinen, die auch beim Graben der Tiere nicht verrutschen dürfen, weitere Versteckmöglichkeiten bieten.

Savannenterrarium für Bodenbewohner mit Rindenstück als Versteckmöglichkeit.

ACHTUNG

In der „Regenzeit" muss man die Einrichtung täglich einmal leicht überbrausen. Anschließend muss das Terrarium gut gelüftet werden, damit die Luftfeuchtigkeit bereits nach einigen Stunden wieder deutlich gesunken ist.

Steppen- und Wüstenterrarien

WICHTIG

Da es sich bei den meisten für eine Terrarienhaltung geeigneten Steppen- und Wüstentieren um Bodenbewohner handelt, beanspruchen sie ein Terrarium mit großer Grundfläche. Die Höhe des Terrariums spielt dabei nur eine untergeordnete Rolle.

In einer Wüste herrschen klimatische Bedingungen, die im Terrarium nur schwer nachzugestalten sind. Das Hauptproblem im Zimmerterrarium besteht vor allem darin, den Tieren die in ihrer natürlichen Umgebung gegebene starke nächtliche Abkühlung bieten zu können. Da die Wüstentiere aber an die ökologischen Bedingungen ihres Lebensraumes angepasst sind, müssen die natürlichen Verhältnisse im Wüstenterrarium berücksichtigt werden. Aus diesem Grunde wählen Besitzer von extremen Wüstenterrarien auch oft einen kühlen Kellerraum als Standort.

Viele Wüstentiere verbringen die Nacht und die heißesten Stunden des Tages fast ausschließlich in zum Teil recht tiefen Höhlen. Hier herrschen nicht nur immer ausgeglichene Temperaturverhältnisse, sondern es ist zudem stets eine gewisse Restfeuchtigkeit vorhanden.

Der Bodengrund

Als Bodengrund eignet sich vor allem Sand mit hohem Lehmanteil. Die von den Tieren gegrabenen Gänge fallen dann nicht so schnell zusammen.

In den untersten Schichten muss der Bodengrund in einem Wüstenterrarium immer leicht feucht sein. Um das zu erreichen, bieten sich verschiedene Möglichkeiten an: Am einfachsten ist es, einen unglasierten Blumentopf in den Bodengrund zu versenken und ihn mit Steinen oder grobem Kies zu füllen. Schüttet man bei Bedarf Wasser darauf, versinkert das Wasser durch das Bodenloch und tränkt die umgebende Erdschicht. Das Gleiche kann auch ein umgedrehter Trichter leisten, durch dessen Tubus man Wasser schütten kann.

Verwendet man einen Kunststoff-Trichter, dessen Rand man mit größeren Kerben versieht, versickert das eingeschüttete Wasser ebenfalls schnell im Boden.

Den aus dem Bodengrund ragenden Tubus kaschiert man mit Steinen, Wurzelstücken oder anderen Einrichtungsgegenständen.

Bepflanzung und Dekoration

Da Wüstenechsen ihre Gänge gern unter festen Gegenständen graben, legt man bei kleineren Arten einen größeren flachen Stein auf den Bodengrund. Damit der Pflegling beim Untergraben nicht erdrückt wird, muss der Stein auf geeigneten Stützen gelagert werden. Dies können zum Beispiel Ziegelsteine sein, die direkt auf dem Terrarienboden aufliegen. Sie können aber auch mit Ziegelsteinen eine Höhle konstruieren, indem Sie darauf eine größere Platte legen.

Große Fliesen sind als Höhlendecke gut geeignet, da sie aufgrund ihrer geringen Stärke auch die Wärme von einem darüber hängenden Strahler weitergeben. Nach dem Einschalten des Strahlers erwärmt sich auch langsam dieser Bereich der Höhle und die Tiere darin spüren, dass der Tag begonnen hat.

Größere Tiere verlangen einen dementsprechend größeren Unterschlupf. Hierzu eignet sich zum Beispiel eine Holzkiste mit Öffnung. Die Kiste füllt man dann nicht ganz mit feuchtem Sand, sodass die Tiere die Möglichkeit haben, sich darin eine Höhle zu graben.

Für die Bepflanzung eignen sich höchstens stachelfreie Sukkulenten, die man mit ihrem Blumentopf eingräbt.

> **WICHTIG**
> Alle tagaktiven Wüstentiere benötigen viel Licht.

> **ACHTUNG**
> Morgens ist die Einrichtung leicht mit Wasser zu übersprühen. Dann lecken die Tiere Wassertropfen auf und decken so ihren Flüssigkeitsbedarf.

Damit die „Steppen- und Wüstenbewohner" der Tageshitze entgehen können, muss man ihnen eine Kunsthöhle anbieten.

53

Pflanzen für Zimmerterrarien

Pflanzen schaffen eine natürliche Atmosphäre und dienen den Tieren häufig als Kletter- und Versteckmöglichkeit. Außerdem produzieren sie tagsüber Sauerstoff und über ihre Blattoberfläche verdunstet Wasser. Dadurch verbessert sich das Raum- beziehungsweise Terrarienklima. Zudem lässt sich die Luftfeuchte im Terrarium einfach, schnell und längerfristig erhöhen, indem man die darin befindlichen Pflanzen besprüht.

> **ACHTUNG**
> Brausen Sie neue Pflanzen stets unter der Dusche oder in der Badewanne gründlich ab, bevor Sie sie in das Terrarium setzen, sie könnten nämlich mit Pflanzenschutzmitteln behaftet sein, die den Terrarientieren gefährlich werden können.

Welche Arten wählen?

Als Terrarienpflanzen eignen sich vor allem kleinwüchsige Arten besonders gut, da sie je nach Größe des Terrariums attraktive Polster oder Stauden bilden können. Zu groß und zu breit werdende Pflanzen – oder Pflanzen mit sehr großen Blättern – sind weniger gut geeignet, da sie sich im beengten Terrarium nie ganz entfalten können.

Darüber hinaus werden auf den darauf folgenden Seiten weitere Pflanzengruppen vorgestellt und aus ihnen jeweils einige bewährte Vertreter mit ihren Bedürfnissen in Tabellenform aufgelistet.

Beim Besuch einer größeren Gärtnerei wird man auf Anhieb eine Fülle geeigneter Pflanzen finden, die dekorativ und für eine Kultivierung im Terrarium geeignet sind. Um dem Terraristik-Anfänger die Auswahl zu erleichtern, geben die Tabellen auf den Seiten 56 bis 59 einen Überblick, über die entsprechenden Blattpflanzen und Gräser. Außerdem eignen sich noch zum Beispiel Farne, Bromelien und Orchideen.

Über diese und weitere Pflanzen für Terrarien erfährt der Leser etwas auf den Seiten 60 bis 63.

Weniger ist mehr – auch bei der Farbe

Die Bepflanzung des Terrariums verlangt etwas Geschick, denn es ist gar nicht einfach, die Pflanzen so aufeinander abzustimmen, dass das Terrarium nicht einem heillosen Durcheinander gleicht. So sind höhere Pflanzen im hinteren Bereich des Terrariums einzupflanzen, niedrigere in den vorderen Bereich.

Auch bei der Bepflanzung der Rückwand ist maßvoll vorzugehen. Von Polsterpflanzen bewachsen wirkt sie natürlicher, als wenn man ein buntes Durcheinander an Pflanzen daran befestigt. Zudem sind in überladen bepflanzten Terrarien die Tiere oft nur noch schlecht zu beobachten.

Bei der farblichen Abstimmung kann man es ebenfalls leicht übertreiben. Blattpflanzen mit besonders bunt gefärbten Blättern, wie zum Beispiel Blattbegonien, Buntnessel, Bogenhanf und Zebrakraut, sollten sich von den sonstigen Grünpflanzen abheben und zum Blickfang werden. Bepflanzt man große Teile des Terrariums damit, kann das Ganze schnell kitschig wirken.

Möchten Sie kletternden Tieren, etwa bestimmten Fröschen, Geckos oder Anolis, im Bereich der Rückwand Versteckmöglichkeiten bieten, können Sie davor zum Beispiel einige Exemplare Bogenhanf pflanzen. An seiner Rückseite können sich die Tiere leicht den Blicken des Betrachters entziehen.

Auch Futtertiere (Grillen, Heimchen) können sich in einem zu dicht bepflanzten Terrarium verstecken. Mit der Zeit werden sie dann groß und können kleineren Echsen gefährlich werden.

> **WICHTIG**
> Dass im Terrarium keine Schädlingsbekämpfungsmittel eingesetzt werden dürfen, sollte selbstverständlich sein.

Bei sehr großen Regenwaldterrarien kann man die Rückwand mit Scindapsus und Ficus pumila bewachsen lassen.

SPECIAL

Bewährte Terrarienpflanzen

	Merkmale										Pflege		
	Laub			Wachstums-zyklus		Form					Gießen		
												Ruhezeit	
	Grün	Farbig	Bunt	Immergrün	Laubabwerfend	Rosette	Buschig	Grasartig	Aufrecht	Kletternd oder hängend	Sparsam	Mäßig	Reichlich
Aeschynanthus, Schamblume	●			●						●			
Aglaonema, Kolbenfaden			●	●			●					●	
Anthurium, Flamingoblume	●			●			●						●
Aphelandra, Glanzkölbchen			●	●			●						●
Asparagus, Zierspargel	●			●						●	●		
Begonia, Begonie	zahlreiche und sehr verschiedene Arten												
Caladium, Kaladie		●			●		●					●	
Calathea, Korbmarante			●	●					●				●
Chlorophytum, Grünlilie			●	●				●					●
Clerodendrum, Losbaum	●			●						●	●		
Codiaeum, Croton			●	●					●		●		
Cyperus, Zypergras	●			●				●					●
Dichorisandra			●	●					●				
Dieffenbachia, Dieffenbachie			●	●					●			●	
Dracaena, Drachenbaum			●	●					●			●	
Episcia, Schattenröhre			●	●		niederliegende Triebe							
Ficus pumila, Feige	●			●							●		
Ficus p. „variegata"			●	●							●		

			Licht				Temperatur				
Hauptwachstumszeit							Ruhezeit		Hauptwachstumszeit		
Spärlich	Mäßig	Reichlich	Mittel	Hell	Hell, nicht vollsonnig	Vollsonnig	min. °C	max. °C	min. °C	max. °C	
		•		•			-	-	16	24	*Aeschynanthus*, Schamblume
	•		•				16	25	16	25	*Aglaonema*, Kolbenfaden
		•	•				13	22	18	22	*Anthurium*, Flamingoblume
		•		•			13	18	18	28	*Aphelandra*, Glanzkölbchen
		•		•			13	24	16	24	*Asparagus*, Zierspargel
											Begonia, Begonie
	•						15	18	18	24	*Caladium*, Kaladie
		•	•				15	21	15	21	*Calathea*, Korbmarante
		•			•		8	21	16	24	*Chlorophytum*, Grünlilie
		•			•		10	13	16	24	*Clerodendrum*, Losbaum
		•			•		13	24	16	24	*Codiaeum*, Croton
		•			•		10	24	16	24	*Cyperus*, Zypergras
•				•			16	21	21	28	*Dichorisandra*
•		•	•				16	24	16	28	*Dieffenbachia*, Dieffenbachie
		•			•		18	24	18	24	*Dracaena*, Drachenbaum
		•		•			-	-	18	24	*Episcia*, Schattenröhre
	•		•				-	-	10	24	*Ficus pumila*, Feige
	•			•			-	-	16	28	*Ficus p. „variegata"*

SPECIAL

Bewährte Terrarienpflanzen

	Merkmale										Pflege		
	Laub			Wachstums-zyklus		Form					Gießen		
													Ruhezeit
	Grün	Farbig	Bunt	Immergrün	Laubabwerfend	Rosette	Buschig	Grasartig	Aufrecht	Kletternd oder hängend	Sparsam	Mäßig	Reichlich
Ficus rubiginosa			•	•						•			
Fittonio, Fittonie			•	•		niedrig wachsend							•
Gynura, Gynure		•		•						•	•		
Hedera, Efeu	•			•						•	•		
Helxine, Bubikopf	•			•		kriechend							•
Mimosa, Sinnpflanze	•			•					•				
Peperomia, Zwergpfeffer	•			•			•					•	
Saintpaulia, Usambaraveilchen	•			•		•							•
Saxifraga, Steinbrech			•	•		•						•	
Schefflera, Strahlenaralie	•			•					•			•	
Scindapsus, Efeutute			•	•						•	•		
Siderasis, Siderasie			•	•		•							
Spathiphyllum, Blattfahne	•			•			•					•	
Syngonium, Purpurtute	•			•								•	
Tetrastigma, Kastanienwein	•			•								•	
Tradescantia, Dreimasterblume	•			•								•	
Vinca, Immergrün	•			•								•	
Zebrina, Zebrakraut			•	•								•	

Licht Hauptwachs- tumszeit							Temperatur Ruhezeit		Hauptwachs- tumszeit		
Sparsam	Mäßig	Reichlich	Mittel	Hell	Hell, nicht vollsonnig	Vollsonnig	min. °C	max. °C	min. °C	max. °C	
●					●		-	-	18	28	*Ficus rubiginosa*
	●			●			13	18	18	21	*Fittonio*, Fittonie
	●					●	13	18	16	24	*Gynura*, Gynure
●			●	●			8	13	16	24	*Hedera*, Efeu
	●			●			16	24	16	24	*Helxine*, Bubikopf
	●					●	-	-	16	24	*Mimosa*, Sinnpflanze
●					●		13	21	16	24	*Peperomia*, Zwergpfeffer
	●			●			13	24	18	24	*Saintpaulia*, Usambaraveilchen
		●			●		5	16	10	24	*Saxifraga*, Steinbrech
	●				●		-	-	13	24	*Schefflera*, Strahlenaralie
	●			●			10	18	16	24	*Scindapsus*, Efeutute
	●		●				-	-	21	24	*Siderasis*, Siderasie
	●			●			13	16	16	24	*Spathiphyllum*, Blattfahne
	●			●			13	24	16	24	*Syngonium*, Purpurtute
	●			●			13	24	16	24	*Tetrastigma*, Kastanienwein
		●			●		10	24	21	24	*Tradescantia*, Dreimasterblume
	●		●				10	16	16	24	*Vinca*, Immergrün
	●			●			13	24	16	28	*Zebrina*, Zebrakraut

Farne

Farne vermehren sich durch Sporen und benötigen zu ihrem Wohlbefinden meistens eine etwas höhere Luftfeuchtigkeit. In Sumpf-, Wald- oder Regenwaldterrarien gedeihen sie daher fast immer besonders gut.

Einige Farne eignen sich auch für den Wasserteil (zum Beispiel *Salvinia auriculata*, der an der Wasseroberfläche treibt), andere für die Bepflanzung eines Epiphytenstammes. Die in der Tabelle aufgeführten Farne benötigen tagsüber Temperaturen zwischen 20 und 25 °C, nachts 15 bis 21 °C.

Farne	Höhe		Bodenansprüche				Lichtbedarf			Verwendungs-zwecke		
	unter 30 cm	30–90 cm	Sauer	Neutral	Feucht	Nass	Offener Schatten*	Leichter Schatten	Tiefer Schatten	Topfpflanze	Ampel	Wasser
Actiniopteris australis	●			●	●		●			●		
Anemia adiantifolia	●	●	●		●		●	●		●		
Asplenium daucifolium	●	●	●		●				●	●		
Blechnum penna-marina	●		●		●				●	●		
Ceratopteris pteridoides	●	●	●			●	●			●		●
Ceratopteris thalictroides	●	●	●			●	●			●		●
Davallia mariesii	●		●		●		●	●	●	●	●	
Dryopteris filix-mas	●		●		●			●	●	●		
Humata tyermannii	●			●	●			●		●	●	
Pyrrosia lingua	●			●	●		●			●	●	
Salvinia auriculata	●			●		●	●					●
Salvinia natans	●			●		●	●					●
Salvinia rotundifolia	●			●		●	●					●
Scyphularia pentaphylla	●			●	●		●			●	●	

*= von Lichtflecken durchbrochener Schatten

Farne eignen sich vor allem für Wald- und Regenwaldterrarien, da sie eine höhere Luftfeuchtigkeit benötigen.

Bromelien

Vor allem in Regenwaldterrarien und auf Epiphytenstämmen dürfen Bromelien nicht fehlen. Bei der Pflege von Pfeilgiftfröschen (Dendrobatiden) bilden die wassergefüllten Blattachseln der Bromelien die Kinderstuben für die Froschnachkommen.

Unter den Bromelien gibt es Arten, die auf Bäumen (Epiphyten) wachsen, aber daneben auch solche, die auf dem Boden in Erde oder speziellen Substraten gedeihen.

> **ACHTUNG**
> Beim Kauf von Bromelien sollten Sie nach kleineren oder jüngeren Exemplaren Ausschau halten, denn viele Arten werden mit der Zeit für das Terrarium zu groß.

Bromelien	Merkmale							Pflege											
	Laub			Kennzeichen		Form		Gießen					Licht			Temperatur			
								Ruhezeit		Haupt wachstumszeit						Ruhezeit		Haupt wachstumszeit	
	Grün	Farbig	Bunt	Blüten	Immergrün	Rosette	Kletternd oder hängend	Sparsam	Mäßig	Sparsam	Mäßig	Reichlich	Hell	Hell, nicht vollsonnig	Vollsonnig	min. °C	max. °C	min. °C	max. °C
Cryptanthus		●			●	●					●				●	–	–	16	24
Guzmania	●			●	●	●					●			●		–	–	18	20
Neoregelia			●	●	●	●					●				●	–	–	10	24
N. carolinae	●			●	●	●					●				●	–	–	10	24
Nidularium			●	●	●	●					●			●		–	–	13	24
Tillandsia			●	●	●	●		●		●					●	13	24	16	24
T. usneoides	●				●		●		●		●				●	13	24	16	24
Vriesca		●		●	●	●			●			●			●	16	24	16	24

Filigran wirkende Farne, ein Bubikopf und eine Bromelie – für Terrarien mit Dendrobatiden die ideale Kombination.

WICHTIG

Viele Orchideen benötigen spezielle Substrate und Dünger.

Orchideen

Ihre prächtigen Blüten machen Orchideen zu begehrten Pflanzen. Die meisten von ihnen wachsen besonders gut in feuchtwarmer Umgebung, also auch in Regenwaldterrarien. Man darf sie aber nur dort kultivieren, wo die Tiere sie nicht erreichen können, denn die Terrarienbewohner können die zarten Orchideenblüten und auch die Pflanzen selbst leicht zerstören. Daher sind Orchideen besonders gut auf Epiphytenstämmen untergebracht, die man für die Tiere unerreichbar an der Terrarienrückwand anbringt.

Orchideen	Merkmale							Pflege										
	Laub		Kennzeichen			Form		Gießen				Licht			Temperatur			
								Ruhezeit		Hauptwachstumszeit					Ruhezeit		Hauptwachstumszeit	
	Grün	Bunt	Blüten	Duft	Immergrün	Buschig	Aufrecht	Sparsam	Normal weiter	Mäßig	Reichlich	Mittel	Hell	Vollsonnig	min. °C	max. °C	min. °C	max. °C
Cattleya	●		●		●		●	●			●		●		13	16	16	24
Coelogyne	●		●	●	●	●		●			●		●		8	16	16	24
Cymbidium	●		●				●	●		●			●		16	18	16	24
Dendrobium	●		●				●	●		●			●		10	18	16	21
Epidendrum	●		●				●	●		●			●		13	21	13	21
Maxillaria	●		●				●	●		●			●		10	16	16	21
Miltonia	●		●				●		●	●		●			–	–	17	24
Oncidium	●		●				●	●		●				●	10	16	16	24
Paphiopedilum	●		●				●	●		●			●		16	24	16	24
Phalaenopsis		●	●				●		●	●					–	–	20	21
Vanda	●		●		●		●				●		●		–	–	16	24

Eine prächtige Phalaenopsis-Blüte. Sie muss für die übrigen Terrarienbewohner unerreichbar bleiben.

Sukkulenten

Als Sukkulenten bezeichnet man in der Regel Pflanzen mit dickfleischigen Stängeln und Blättern. Bei etlichen Arten sind die Blätter stark reduziert, nur noch zeitweise vorhanden oder fehlen sogar ganz, sodass Teile des Stängels diese Funktionen mit übernehmen müssen.

Botanisch gehören Sukkulenten mehreren Familien an und werden lediglich wegen ihrer sich ähnelnden Eigenschaften oft zu einer Gruppe zusammengefasst.

Um Wasserverlust durch Verdunstung zu vermeiden, ist die Außenhaut dieser Pflanzen verdickt und wasserundurchlässig. Gleichzeitig hat das Innengewebe die Fähigkeit, Wasser zu speichern. Auf diese Weise sind diese Pflanzen besonders gut an sehr trockene Lebensräume angepasst.

Für Terrarien mit Landschildkröten oder pflanzenfressenden Echsen eignen sich viele Sukkulenten nicht, da sie von diesen Reptilien sehr gern gefressen werden. Vor allem Blattkakteen (*Epiphyllum*) verzehren sie gern, die sich ansonsten aber als Terrarienpflanzen gut eignen. Man kann sie sogar auf einem Epiphytenstamm kultivieren.

Wolfsmilchgewächse (Euphorbien) geben bei der Verletzung ihrer Haut einen weißlichen, für viele Lebewesen giftigen Saft ab. Daher verzichtet man auf sie ebenfalls am besten.

Besonders für hohe Terrarien ist vor allem der Bogenhanf (*Sansevieria trifasciata* „Laurent") geeignet. Als Bodenpflanze für niedrige Zimmerterrarien bietet sich die als „Golden Hahnii" bezeichnete niedrig wachsende Zuchtform von *S. trifasciata* an. Weitere niedrig wachsende und sehr gut geeignete Sukkulenten sind die Echeverie (*Echeveria derenbergii*) und die Papageien- oder Tigeraloe (*Aloe variegata*).

> **ACHTUNG**
> Kakteen oder Euphorbien mit Stacheln eignen sich für Terrarien ebenso wenig wie Pflanzen mit Dornen!

Auf der Abbildung ist eine kleine Auswahl an Sukkulenten zu sehen, die für Savannen- und Wüstenterrarien gut geeignet sind.

Epiphyten

Alle Grünpflanzen benötigen Licht. Im lichtarmen Regenwald versuchen Bäume durch rasches Wachstum die anderen zu überholen, um an das lebensnotwendige Sonnenlicht zu gelangen. Andere Pflanzen benutzen Bäume als Unterlage und „klettern" an ihren Stämmen empor, um ebenfalls dem Licht so nahe wie möglich zu kommen.

Eine andere Strategie haben Epiphyten (Aufsitzerpflanzen) entwickelt, zu denen auch etliche Farne, aber vor allem Bromelien und Orchideen gehören. Ihre Sporen (Farne) oder Samen werden vom Wind verweht oder von Tieren verschleppt und gelangen dabei auch in die höheren Regionen von Bäumen. In der rauen Rinde von Ästen beginnt ihre Entwicklung und bald hat sich eine neue Bromelie, Orchidee oder andere Aufsitzerpflanze gebildet.

Epiphyten benutzen andere Pflanzen als Unterlage, ernähren sich aber unabhängig von ihnen. Manche Epiphyten sind

Vor allem im tropischen Regenwald wachsen auf den Bäumen viele Epiphyten, wie diese Bromelien und Farne.

in der Lage, Feuchtigkeit und Nährstoffe aus der Luft aufzunehmen, daher sind ihre Wurzeln oftmals sehr reduziert oder
dienen lediglich als Halt auf der Unterlage. Tillandsien siedeln
sich in ihrer Heimat selbst auf Telegrafendrähten an. Es gibt
aber auch Pflanzensamen, die in den Astachseln der Bäume
eine Nische finden und dort auf Humusansammlungen und
modernden Pflanzenteilen Wurzeln bilden und zu wachsen
beginnen.

Anlegen eines Epiphytenstammes

Als Unterlage für einen Epiphytenstamm eignen sich vor
allem alte, knorrige Obstbaumäste. Darauf klebt man mit
Pflanzenkleber jene Epiphyten fest, die keine eigenen oder
nur geringe Wurzeln bilden. Farne, Bromelien oder Orchideen, die normalerweise in Töpfen wachsen, werden auch
mit einem Blumentopf an den Ast gebunden, wobei der
Blumentopf mit Torfmoos *(Sphagnum)* umgeben und dadurch kaschiert wird. Vor allem unter den Orchideen befinden sich etliche Arten, die ein spezielles Orchideensubstrat
benötigen. Auch solche Pflanzen bindet man mit ihren Töpfen an den Epiphytenast. Um das Ganze zu tarnen, umwickelt
man die Töpfe mit etwas Torfmoos (keinen Torf nehmen!!),
bindet es mit Nylonschnur fest und zupft anschließend das
Sphagnum etwas über die unschönen Nylonfäden. Wenn
man dabei etwas Geschick beweist, sieht der Epiphytenstamm später wie natürlich gewachsen aus.

   Große Epiphytenstämme kann man im Terrarium positio-
nieren und stabilisieren, indem man das untere Ende zuerst
auf die Bodenplatte stellt. Danach lehnt man das obere Ende
des Epiphytenstammes in eine hintere Ecke des Terrariums.
Erst dann füllt man den Bodengrund ein.

   Kleinere Epiphytenstämme können Sie auch an Drähten
von Haken an der Terrariendecke „baumeln" lassen. Dadurch
bleibt der Boden frei und zur Nutzung für Bodenbewohner
erhalten. Außerdem können kletternde Echsen den Epiphytenast nicht erreichen, um an ihm hochzusteigen. Auf diese
Weise bleiben die Pflanzen für die Tiere unerreichbar und
können auch nicht von ihnen beschädigt werden. Auf
solchen hoch hängenden Epiphytenästen lassen sich auch
empfindliche Orchideen und Bromelien kultivieren und
pflegen.

TIPP Man kann Epi-
phyten auch auf
der Rückwand
eines Terrariums
kultivieren, wenn man
diese mit Rindenstück-
chen (Silikon) beklebt!

Das tägliche Besprühen der Pflanzen im Regenwaldterrarium kann schon eine Aufgabe für Kinder sein.

Inbetriebnahme und Pflege

Bevor neue Geräte und Maschinen in den Handel gelangen, unterliegen sie einer strengen Sicherheitskontrolle. Daher sollte man zum Schutz der künftigen Pfleglinge auch das neu aufgebaute, eingerichtete und mit allen technischen Geräten versehene Zimmerterrarium erst einmal auf seine Funktionstüchtigkeit überprüfen. Zur Kontrolle werden Beleuchtung und Heizung bereits mit der Zeitschaltuhr verbunden und die Zeiten in die Zeitschaltuhr einprogrammiert. So kann man einige Tage beobachten, ob alles zur eigenen Zufriedenheit funktioniert.

Um die später im Terrarium herrschenden Luftströme einmal mit den Augen verfolgen zu können, gibt es einen einfachen Trick: man hält eine angezündete Zigarette zu verschiedenen Tageszeiten vor das seitliche Lüftungsfeld. Die durch die Beleuchtung oder Heizung erwärmte Luft innerhalb des Terrariums entweicht durch das obere Lüftungsfeld und zieht durch das seitliche Feld Außenluft herein. Dies kann man nun am Verhalten des Zigarettenqualms recht gut verfolgen.

Prüfen Sie auch zu unterschiedlichen Zeiten die im Terrarium herrschenden Temperaturverhältnisse und die Luftfeuchtigkeit. Sollte die Luftfeuchtigkeit am Abend zu sehr ansteigen, muss man mit dem täglichen Sprühen zurückhaltender sein. Gegebenenfalls sind auch Beleuchtungs- und Heizkörper gegen stärkere oder schwächere auszutauschen, bis das Klima im Terrarium zufriedenstellend ist.

ACHTUNG
Keineswegs darf man Tiere in ein ungeprüftes Terrarium setzen, da es bei Pannen oder technischen Störungen für sie zu gefährlichen Situationen kommen kann.

TIPP Um die Temperaturen und die Luftfeuchtigkeit im Laufe eines Tages überprüfen zu können, macht man sich zu bestimmten Uhrzeiten Notizen darüber. Wenn das Terrarium später mit Tieren besetzt ist, überprüft man diese Werte hin und wieder zu den gleichen Zeiten.

Pflegeaufwand bei verschiedenen Zimmerterrarien

	Sumpf	Wald	Regenwald	Savannen	Steppen Wüsten
Besprühen von Pflanzen und Einrichtung	t	T	T	T	T
Füttern der Jungtiere	T	T	T	T	T
Füttern erwachsener Tiere	t	t	t	t	t
Wasserwechsel im Wassernapf	-	T	T	T	T
Wasserstand im Wasserteil auf gleicher Höhe halten	W	-	W	-	-
Entfernen von Futterresten und Kot	B	B	B	T	T
Lampen reinigen	W	W	W	W	W
Leuchtstofflampen gegen neue auswechseln	J	J	J	J	J
Scheiben putzen	B	t	T	B	B
Pflanzen gießen	-	-	B	W	W
Abgestorbene Blätter entfernen	B	B	B	B	B
Pflanzen auslichten	H	H	H	-	-
Bodensubstrat anfeuchten	-	-	-	B	B
Bodensubstrat erneuern	J/B	J	B	H	H
Wasserteil reinigen	H/B	-	B	-	-

Symbole: B = bei Bedarf, T = täglich, t = alle 2–3 Tage, W = wöchentlich,
H = halbjährlich, J = jährlich

Freiland-
terrarien –
das ist
„Natur pur"

Im Freilandterrarium können

die dafür geeigneten Tiere mit

einem Tag-Nacht-Rhythmus

ein fast natürliches Leben führen

und sie erhalten auch direktes

Sonnenlicht.

Das Freilandterrarium ist gewöhnlich
im Gegensatz zum Zimmerterrrarium
eine dauerhafte Einrichtung.

Standort, Größe und Umfriedung

ACHTUNG
Vor dem ersten Spaten-
stich muss man bereits
wissen, welche Tiere im
Freilandterrarium unter-
gebracht werden sollen,
um das Terrarium ent-
sprechend anzulegen.

Grundsätzlich sollten Sie für die Anlage eines Freilandterrariums im Garten einen Standort wählen, der täglich
möglichst 10 Stunden Sonnenlicht erhält. Bedenken Sie dabei, dass es viel einfacher ist, durch Büsche oder andere Hilfsmittel Schattenplätze zu schaffen als mangelnde Sonneneinstrahlung durch Kunstlicht auszugleichen.

Der ideale Standort ist ein leicht abfallender Südhang ohne
schattenbildende Hindernisse. Denn er wird im Hochsommer
bei entsprechendem Wetter nahezu 10 Stunden von der
Sonne beschienen.

Des Weiteren sollte der zukünftige Standort natürlich auch
ruhig und frei von sonstigen störenden Umwelteinflüssen
sein. Autoabgase, ständiger Lärm oder Erschütterungen des
Untergrundes, etwa durch eine stark befahrene Straße in un-
mittelbarer Nähe, stören das Wohlbefinden der Terrarienbewohner.

Die Größe

WICHTIG
Um die Tiere am Entwei-
chen zu hindern, muss
man das Freilandterrari-
um gewissenhaft umfrie-
den. Vor allem Echsen
und Schlangen, aber auch
Wasserschildkröten sind
wahre Kletterkünstler.
Deshalb muss für sie jede
Umfriedung zusätzlich
oben mit einer nach in-
nen ragenden Abschluss-
leiste versehen sein
(s. Abb.).

Es gibt für die Größe eines Freilandterrariums keine verbind-
lichen Richtwerte, sondern die Grundfläche richtet sich nach
den Tieren, die man darin pflegen möchte. Um 2 extreme
Beispiele zu nennen: Für Europäische Landschildkröten
(*Testudo hermanni, T. graeca*) benötigt man eine großzügi-
gere Fläche als für Chinesische Rotbauchunken (*Bombina orientalis*). Es hat sich aber gezeigt, dass Freilandterrarien unter
3 bis 4 m² wenig sinnvoll sind. Bei dieser Größe kommt man
vielleicht mit einem Freiluftterrarium aus. Gewöhnlich haben

*Ein einfaches
Freilandterrarium für
Landschildkröten*

Freilandterrarien Flächen zwischen 8 und 40 m². Um die Anlage von und nach außen richtig zu sichern, müssen unbedingt einige Punkte beachtet werden!

Die Umfriedung

Bei der Planung der Umfriedung ist zu berücksichtigen, dass sie nicht nur bei stark wühlenden Tierarten auch tief genug in den Boden ragen muss. Gewöhnlich sind etwa 40 cm Tiefe ausreichend. Dadurch kann sie nicht nur von den Pfleglingen nicht unterwühlt werden, sondern sie hält dann auch unerwünschte Eindringlinge, wie Maulwürfe, Schermäuse und Wühlmäuse, ab.

Plant man, besonders stark grabende Tiere zu pflegen, und ist die Grundfläche nicht zu groß, legt man erst einmal die gesamte Fläche frei und auf die Freifläche ein engmaschiges Drahtgeflecht, bevor der eigentliche Bodengrund aufgetragen wird.

Die Umfriedung selbst kann aus sehr unterschiedlichen Materialien bestehen. Imprägnierte Holzbretter eignen sich ebenso wie angespitzte imprägnierte Rund- oder Vierkanthölzer, die man dicht an dicht in den Boden rammt. Wichtig ist, dass die Tiere nicht durch diese Umfriedung schauen können. Die Grenze eines Maschendrahtzaunes akzeptieren sie nie völlig, sondern versuchen immer wieder, ihn kletternd zu überwinden.

Da selbst imprägnierte Hölzer mit der Zeit morsch werden, bieten sich vor allem für langfristig geplante Freilandterrarien dauerhafte Materialien an. Sie können anstelle der Holzbretter, Rund- und Vierkanthölzer gleich Betonbohlen oder Betonpfosten nehmen oder eine Ziegelsteinmauer errichten.

Optimales Freilandterrarium für Landschildkröten mit Wildkräuterwiese, Treibhaus und Schutzhütte.

71

Gestaltung eines Freilandterrariums

Landschildkröten lieben wildkräuterreiche Wiesen, sodass man den natürlich gewachsenen Boden so belassen kann. Bei anderen Arten ist dies leider nicht ganz so einfach.

Der Bodengrund

Hat man den Bodengrund ausgehoben, um dort ein Gitter einzulegen, kann man anschließend den Aushub wieder aufbringen oder nach Bedarf auch Sand oder Lehm und die Fläche nach eigenen Wünschen modellieren.

Vor allem bei stark grabenden Arten bietet es sich an, zumindest stellenweise Lehm als Bodengrund zu verwenden. Mit ihm lassen sich auch künstliche Höhlen gut verkleiden, die man zuvor mit Kellersteinen, Tonröhren und/oder Holzbrettern angelegt hat.

Damit schwere Böden in einem Freilandterrarium nach Niederschlägen möglichst schnell wieder trocknen, legt man am Fuß von Hügeln oder tiefer liegenden Stellen einige tiefe Mulden an, die anschließend mit Kies gefüllt werden. Sie dienen als Dränagen und lassen das Wasser schneller im Erdreich versickern.

Versteckmöglichkeiten

Für Kröten sowie kleine Echsen und Schlangen bieten sich Tonröhren als Unterschlupf an, die man in einen Hügel einbaut. Sie sollten eine leichte Neigung nach außen haben, damit Regenwasser nicht in den Hügel hineinläuft (s. Abb S. 73).

Um weitere Versteckmöglichkeiten für kleinere Echsen oder Schlangen zu schaffen, sind größere, hohl liegende Steinplatten aus einem Steinbruch ebenfalls geeignet. Beim Stapeln muss man sie so legen, dass genügend Fugen gebildet werden, die auf alle Fälle nach Süden ausgerichtet sein sollten.

Auch gewölbte Dachziegel sind als Kleinverstecke gut geeignet und können entweder einfach auf den Boden gelegt oder in einen Hügel eingebettet werden. Vor allem kleine Landschildkröten bevorzugen solche Höhlen, in die sie mit ihrem Panzer so eben noch hineinpassen.

ACHTUNG

Eidechsen nehmen auf Wurzeln gern ihr Sonnenbad und flüchten bei Störung dann zwischen die Wurzelzwischenräume, daher sind bizarre Wurzeln sehr gut als Versteckmöglichkeiten geeignet.

Auch größere Wurzelstücke können als Versteck und Unterschlupf dienen. Man kann sie entweder etwas eingraben, um dem Ganzen ein natürliches Aussehen zu verleihen, oder aber auch zu mehreren gruppieren.

Pflegt man Landschildkröten, so ist es zweckmäßig, eine stabile Schutzhütte zu bauen, in die sie von mindestens 2 Seiten hineinkriechen können. An der Stelle der zukünftigen Schutzhütte legt man zuvor eine Mulde an, die man mit einem Gemisch aus Buchenlaub und Erde wieder auffüllt. In dieses Gemisch graben sich die Schildkröten später gern ein und verbringen die Nacht und kühle oder regenreiche Tage darin. Im Hochsommer entziehen sie sich so auch einer Überhitzung.

Stark an Gewässer gebundene Tiere, wie bestimmte Amphibien oder Wasserschildkröten, brauchen unbedingt innerhalb des Freilandterrariums einen Teich. Er dient nicht nur als Versteckmöglichkeit, sondern gehört bei ihnen auch zur artgerechten Haltung.

Bei der Anlage ist zu berücksichtigen, welche Bereiche die zukünftigen Pfleglinge in der Natur bevorzugen. Ist es die Sumpf-, Flachwasser- oder Tiefenzone?

Manche Gartenbesitzer haben bereits seit geraumer Zeit einen Teich. Immer wieder überlegen sie sich, ob sie ihn nicht mit Wasserschildkröten beleben könnten. Dazu muss der Teich allerdings eingefriedet und für die kalte Jahreszeit ein Zimmerterrarium eingerichtet werden.

Das hintere Ende der Röhren füllt man mit Laub oder Torfmoos auf. Steinplatten über den Röhreneingängen dienen als Wetterschutz.

Anlegen eines Teichs

TIPP

Reichen die erhältlichen Folien nicht für die vorgesehene Fläche, kann man sie auch mit speziellen Klebern recht einfach „zusammenschweißen".

Vor dem Anlegen des Teichs ist es sinnvoll, den vorgesehenen Umriss abzustecken oder mit Sägemehl zu markieren. Anschließend hebt man stufenweise die Teichmulde aus. Dabei stellt man schnell fest, wie der Untergrund beschaffen ist. Im günstigsten Fall handelt es sich um einen dichten Lehm- oder Tonboden, der das später einzulassende Wasser von allein hält. Wenn keine natürliche wasserundurchlässige Bodenschicht vorhanden ist, sollte man den zukünftigen Teich mit einer Teichfolie abdichten. Es gibt sie inzwischen in fast allen Größen sowie in verschiedenen Stärken und sie ist mittlerweile die einfachste und kostengünstigste Lösung.

WICHTIG

Bei einem Untergrund mit Steinen und Wurzeln muss man die Teichmulde deutlich tiefer ausheben. Anschließend legt man zum Schutz der Folie entweder eine Sandschicht, ein Teichvlies, einen alten Teppich oder andere Polstermaterialien aus, damit die Folie nicht verletzt wird.

Planung und Bau

Das vorgesehene Teichprofil muss vor allem bei größeren Teichen unbedingt stufenförmig sein, um eine deutliche Sumpf-, eine Flachwasser- und eine Tiefenzone zu schaffen. Lediglich bei kleineren Anlagen genügen Sumpf- und Flachwasserzonen.

Die jeweiligen Zonen sind unbedingt muldenförmig anzulegen, damit die später eingebrachten Pflanzen, Steine und Wurzeln nicht immer an die tiefste Stelle des Teiches abrutschen (s. Abb. unten). Außerdem verdeckt darin eingebrachter Kies auch sehr gut die Folie.

Nur in ganz wenigen Fällen trifft man auf eine dichte Tonschicht. Günstig ist auch ein stein- und wurzelfreier Sandboden, da man die Folie darauf einfach auflegen kann.

Der Teich ist mit einem mit Gitterschutz versehenen Überlaufrohr ausgestattet. Eine Kiesschicht unterhalb der Folie dient als Dränage.

Dass der Teichrandabschluss überall gleich hoch sein muss, dürfte selbstverständlich sein. Um sicherzugehen, kann man eine Schnur über den Teich spannen und mit einer Wasserwaage die Lage prüfen. Dies geht aber auch mit einer Schlauchwaage.

Ist die Teichmulde frei von spitzen und scharfen Gegenständen, wird die Folie eingelegt. Am günstigsten sind dafür warme Sommertage, da die sonnenerwärmte Folie weicher ist und sich dann besonders gut in der Mulde an den Boden schmiegt. Scheint keine Sonne, legt man die Folie einige Zeit in einen sehr warmen Raum.

Wer sich über die notwendige Foliengröße nicht ganz klar ist, misst die Fläche erst nach Fertigstellung der Mulde aus.

Hat man die Folie mit einem Helfer zufrieden stellend in der Mulde ausgebreitet, lässt man das Wasser ein. Nun presst sich die Folie durch das steigende Wasser endgültig an die Unterlage. Die dabei entstehenden Falten können noch etwas geglättet werden.

Erst wenn das Wasser den Teichrand erreicht hat, ist zu erkennen, ob der Umriss tatsächlich unseren Plänen entspricht. Oft ist an der einen Stelle noch etwas Erde wegzunehmen und an einer anderen Stelle etwas zuzufügen. Der Folienrand muss auf jeden Fall immer deutlich über der Wasseroberfläche bleiben.

Bereits am folgenden Tag kann man die Sumpfzone mit Kies füllen und die Sumpfpflanzen einsetzen.

> **WICHTIG**
> Auf alle Fälle ist die Teichfolie beim Kauf deutlich größer zu bemessen als die Muldenoberfläche, da man oft noch am Uferrand korrigierend eingreifen muss.

Sumpf-, Flachwasser- und Tiefenzone sollten muldenförmig angelegt werden, damit der Kies nicht abrutschen kann.

75

Einrichtung des Freilandterrariums

Sie richtet sich ausschließlich nach den Tieren, die Sie dort pflegen möchten. Für Landbewohner können Sie versuchen, einen Ausschnitt aus ihrem Lebensraum zu kopieren. Dabei dürfen Sie zwar Ihre Fantasie spielen lassen, doch haben die Bedürfnisse der Terrarienbewohner Vorrang.

ACHTUNG

Geben Sie keine Gegenstände (Wurzeln, Steine etc.) in den Teich, zwischen denen sich Wasserschildkröten verfangen und zwischen denen sie ertrinken könnten.

Freilandterrarium für Landschildkröten

Hier bestehen bereits gute Voraussetzungen, wenn die Fläche mit heimischen Wildkräutern (Klee, Wegerich, Löwenzahn etc.) bewachsen ist. Solche Wiesenflächen bieten den Landschildkröten ein reichhaltiges Futterangebot.

Soll eine monotone Rasenfläche in eine Wiese umfunktioniert werden, ist es manchmal nicht ganz einfach, wenn der Rasen zuvor regelmäßig mit einem Unkrautvernichter behandelt wurde. Es gibt nämlich Spritzmittel, mit denen zweikeimblättrige Pflanzen, also Löwenzahn, Wegerich etc. von der Rasenfläche vertrieben werden. In einem solchen Fall ist es sinnvoll, die oberste Erdschicht abzutragen und nach der Gestaltung die Fläche mit Wiesensaatgut neu einzusäen. Lassen Sie den Pflanzen genügend Zeit für das Wachstum. Ihre Landschildkröten werden sich später darüber freuen.

Schmuckschildkröten beim Sonnenbad im Freilandterrarium.

Freilandterrarium für Wasserschildkröten

Wollen Sie vorwiegend Wasserschildkröten halten, dann werden ein oder sogar mehrere Teiche das Bild bestimmen. Wenn es sich – wie empfohlen – um Folienteiche handelt, denken Sie daran, dass sich keine Sträucher oder Bäume ansiedeln dürfen, die mit ihren Wurzeln irgendwann die Folien beschädigen könnten. Außerdem könnten sie mit zunehmender Größe den Teichbereich zu großflächig beschatten.

Möchten Sie das Freilandterrarium gern mit strauch- oder buschförmigen Pflanzen dekorieren, bietet es sich an, diese in Kübeln zu kultivieren, die man eingräbt. Dann können Sie sich im Sommer auch an attraktiven Stauden aus wärmeren Regionen erfreuen, die Sie über den Winter an einer frostsicheren Stelle im Gebäude unterbringen.

Winter im Freilandterrarium

Etliche Amphibien und Reptilien aus den gemäßigten Breiten kann man in Freilandterrarien ganzjährig halten. Ihnen müssen aber zum Überwintern unbedingt frostfreie Stellen zur Verfügung stehen. In der Regel genügen die bereits erwähnten Röhren-Höhlen (siehe Seite 72), in die sich die Tiere ab Herbst für längere Zeit zurückziehen und in denen sie bald darauf in die Winterstarre verfallen. Dafür muss das Zentrum dieser Röhren sich mindestens 1m – und damit frostsicher – unter der Erde befinden.

Um die Tiere zusätzlich gegen Frost und vor übermäßigen Niederschlägen zu schützen, kann man über das Winterquartier im Spätherbst außerdem alte Teppiche, Wolldecken und Ähnliches breiten. Selbst ein großer Laubhaufen, der anschließend mit einer Folie abgedeckt wird, bietet einen sehr guten Frostschutz.

Befinden sich auch Fische im Teich, sollte man immer dafür sorgen, dass sie einige eisfreie Stellen zur Verfügung haben, an denen sie Luft holen können.

TIPP Hängen Sie ein Bündel Stroh so in den Teich, dass es aus dem Wasser herausragt, dann bleibt es um das Stroh herum immer eisfrei. Denselben Effekt haben aus dem Wasser herausragende Seggen oder andere Gräser.

Zauneidechsen können ganzjährig im Freilandterrarium leben.

Vielfältiger Speiseplan – gesunde Ernährung

Auch Terrarientiere möchten abwechslungsreiches Futter und wollen nicht jeden Tag die gleiche Mahlzeit. Außerdem muss die Nahrung gesund und ballaststoffreich sein!

„Kaltes Buffet" für Landschildkröten. Neben Wildkräutern gehören auch ab und zu verschiedene Obstsorten dazu.

Abwechslungsreichtum ist wichtig

ACHTUNG

Vor dem Verfüttern sind Pflanzen, vor allem aber Futtertiere, mit einem Vitamin-Mineralstoff-Präparat zu bestäuben (zum Beispiel Reptovit, Vitakalk, Multibionta etc.), das man im Zoofachhandel oder in einer Apotheke erhält.

Mit Ausnahme ausgesprochener Nahrungsspezialisten, die man Neueinsteigern auch nicht empfehlen kann, sind alle im Terrarium gepflegten Tiere grundsätzlich abwechslungsreich zu füttern. Wenn landlebende Frösche, aber auch Geckos, Anolis und andere Echsen immer nur Fliegen, Landschildkröten immer nur Salat, Wasserschildkröten immer nur Rindfleischstückchen als Futter erhalten, stellen sich bei ihnen bald Mangelerscheinungen und -krankheiten ein. Daher ist es wichtig, sich vor dem Kauf auf die Ernährung der zukünftigen Terrarienbewohner einzustellen.

Prüfen Sie rechtzeitig, ob es Ihnen möglich ist, Futtertiere zu züchten oder durch eine gut sortierte Zoohandlung regelmäßig zu erhalten. Futtertierzuchten verlangen gewisse Räumlichkeiten – und häufig auch ein großes Verständnis der übrigen Familienmitglieder. Nicht jeder akzeptiert eine Dose mit lebenden Regenwürmern im Kühlschrank. Und die „Musik" entwichener Grillen oder Heimchen in der Wohnung wird von Besuchern gewöhnlich als merkwürdig empfunden.

Ein Gürtelschweif beim Verzehren einer Grille. Grillen sind sehr leicht zu züchten.

Vegetarische Kost

Generell sind Pflanzenfresser einfacher zu ernähren als Fleischfresser, da im Obst- und Gemüsehandel immer eine reichhaltige Palette an Futterpflanzen zur Verfügung steht. Vielleicht haben Sie auch einen eigenen Garten, in dem Sie während der Sommermonate verschiedene Gemüse- und Obstsorten anbauen. Falls Sie in Ihrem Garten biozidfreies Gemüse und biozidfreien Salat als Futter ziehen, achten Sie darauf, ob nicht von der Nachbarseite Biozidwolken auf Ihre Gemüse gelangen.

Bienenwaben mit Raupen und Puppen der Wachsmotte.

Bei der Futterbeschaffung für die vegetarischen Pfleglinge ist unbedingt auf einige Punkte zu achten:

● Kaufen Sie möglichst nur ungespritzte Ware. Gespritztes Obst muss unbedingt geschält werden!

● Pflücken Sie Wildkräuter nur weitab von stark befahrenen Straßen und auch nicht auf frisch gedüngten Weiden!

● Waschen Sie Obst und Gemüse stets gründlich lauwarm ab und zerteilen Sie es in kleine Stücke oder raspeln Sie es, je nachdem, wie groß die Pfleglinge sind.

Vegetarische Kost

Wildkräuter	Salate	Wasser- pflanzen	Gemüse	Obst
Wegerich, Löwenzahnblätter und -blüten, Klee, gehackte Brennnessel, Huflattichblüten	Feld-, Pflück-, Endivien-, Kopfsalat	Wasserpest *(Elodea spec.)*, Wasserlinsen *(Lemna spec.)*, Indischer Wasserfreund *(Hygrophyla spec.)*, Sumpfschraube *(Vallisneria spec.)*	Möhren, Chinakohl, Bohnen Spinat, Kohlblätter Kohlrabi, Rüben, Mangold, Tomaten, Paprika Gurken	Äpfel, Birnen, Pflaumen, Kirschen, Bananen, Melonen, Erdbeeren

Futter für Fleischfresser

ACHTUNG
Das Verfüttern heimischer Frösche ist verboten und das Verfüttern von Mäusen, Ratten oder Kaninchen aus der Natur ist nicht unproblematisch: sie können nicht nur Krankheitserreger einschleppen, sondern als wehrhafte Nagetiere die Terrarientiere auch verletzen!

Terrarientiere, die sich von tierischer Kost ernähren, verlangen sehr häufig auch noch, dass es sich dabei um bewegliche Beute handelt, die aufgespürt, verfolgt, gejagt und erbeutet werden muss, da dies zum Ernährungsverhalten der Tiere gehört. Darüber hinaus ist es aber auch ein Erlebnis für jeden Terrarianer, einen Laubfrosch dabei zu beobachten, wie er eine Fliege oder eine Wachsmotte anvisiert, sich zum Sprung vorbereitet und dann gezielt das Beutetier erhascht. Während Fruchtfliegen *(Drosophila)* unproblematisch sind, können sich verfütterte Grillen oder Heimchen im Terrarium an einer günstigen Stelle verbergen und mit der Zeit an Größe zulegen. Werden sie dann in der Dämmerung aktiv, kann es dazu kommen, dass sie kleinere schlafende Echsen annagen, vor allem, wenn diese durch die oft kühleren Nachttemperaturen weniger beweglich sind.

Wiesenplankton

Chemisch unbehandelte Wiesen bieten im Sommer besonders abwechslungsreiches Futter: Wiesenplankton (Spinnen, Insekten und deren Larven).

ACHTUNG
Entfernen Sie aus dem Wiesenplankton möglichst wehrhafte Insekten, wie Wespen, Bienen und Hummeln, aber auch größere Spinnen, die ihren Pfleglingen gefährlich werden könnten!

Futter für Fleischfresser

Lebendfutter	Nichtlebendfutter
Regenwürmer (sehr nähr- und mineralstoffreich)	Rindfleisch (Herz und Muskelfleisch roh, zerkleinert)
Nackt- und Gehäuseschnecken	
Insekten („Wiesenplankton", Wachsmotten, Fruchtfliegen, Stubenfliegen Heimchen, Grillen)	Putenfleisch (roh oder gekocht, zerkleinert)
	Dosenfutter für Katzen und Hunde
Fisch (Köderfische aus dem Anglerbedarfsgeschäft, aber auch Guppys, Schwertträger, Platys)	Fische (s. linke Spalte) getrocknet
	Süßwasserfischstückchen getrocknet
Tubifex (rote Bachröhrenwürmer)	
Mücken- und andere Insektenlarven	
Kleinkrebse *(Daphnia spec., Cyclops spec., Gammarus pulex)*	

Wie man Wiesenplankton fängt

Man zieht einen möglichst großvolumigen Kescher vorsichtig durch die trockene Wiese; danach befindet sich in ihm ein Knäuel der flatternden und krabbelnden Kleinlebewesen. Braucht man nur kleine Futtertiere, öffnet man kurz den Kescher und lässt die größeren Fliegen, Falter und Heupferde entweichen. Die kleineren, langsameren Tierchen schüttet man nun in eine Plastiktüte oder in eine Flasche mit weitem Hals und verschließt das Behältnis sofort.

Für mittelgroße Amphibien- oder Reptilienarten kann man die ganze Beute nehmen.

Hat man den Kescher mehrmals durch die Wiese gezogen, ist genug Futter beisammen. Auf jeden Fall sollte man nur so viel sammeln, wie man auf einmal verfüttert.

> **INFO**
> Für sehr große Terrarientierarten ist Wiesenplankton weniger interessant. Sie benötigen schon größere Insekten, die man auch selbst züchten kann.

Auf Sommerwiesen findet man nicht nur Futter für die Pflanzenfresser, sondern auch reichhaltiges Wiesenplankton.

Futtertiere und ihre Zucht

Da Wiesenplankton nur über den Sommer zur Verfügung steht, muss der Terrarianer den regelmäßigen Bedarf seiner Pfleglinge an kleinen Futtertieren entweder dadurch decken, dass er diese im Zoogeschäft kauft, oder er muss sie selbst züchten. Ansätze hierzu sind in den Zoohandlungen erhältlich, die auch Amphibien und Reptilien im Angebot haben. Natürlich gibt es noch einige andere züchtbare Futtertiere als die hier genannten, doch diese reichen für einen Neueinsteiger durchaus. Schließlich kann man auch noch im Garten nach Regenwürmern graben oder sie in einem Anglerbedarfsgeschäft kaufen. Dort bekommt man auch Maden verschiedener Fliegenarten, die sich im Kühlschrank längere Zeit halten, sich an einem wärmeren Platz aber nach einiger Zeit verpuppen. Bringt man die Fliegenpuppen nun in ein größeres Glas, schlüpfen daraus ebenfalls bald Fliegen, die man – wie alle Futtertiere – vor dem Verfüttern mit Mineralstoffen

Kleine Frösche wie Pfeilgiftfrösche oder das Goldfröschchen (Mantella aurantiaca) fangen vor allem Fruchtfliegen, sodass man um die Zucht dieser Insekten nicht herumkommt.

und Vitaminen bestäubt. Vorher stellt man die Dose mit den Insekten für einige Minuten in den Kühlschrank.

Dann ist ihr Bewegungsvermögen erheblich eingeschränkt und sie können gut eingestäubt werden. In der Wärme werden sie schnell wieder aktiv.

Fruchtfliegen (*Drosophila melanogaster*)

Fruchtfliegen kennt eigentlich jeder, der schon einmal in der Nähe von überreifem oder faulendem Obst war. Oft schrecken die Fruchtfliegen bei Störungen kurz auf, um sich kurz darauf zur Eiablage wieder auf den faulenden Obststellen niederzulassen. Diese nur 2 bis 2,5 mm großen braunen Fliegen werden vor allem von Pfeilgiftfröschen oder anderen klein bleibenden Fröschen gefressen. Es ist vor allem in der warmen Jahreszeit sehr einfach, einen Ansatz dieser Fliegen zu erhalten. Ihre Zucht ist recht einfach:

● Man füllt einige 250-ml-Kunststoffbecher (Joghurtbecher) etwa 2 cm hoch mit einem speziellen Nährbrei.

● Diesen Nährbrei stellt man aus einem käuflichen Früchte-, Milch- oder Grießbrei gemäß den Verpackungsangaben her.

● Der Brei wird nun mit einer Messerspitze Hefe und einem Multivitaminpräparat angereichert und portionsweise in die Kunststoffbecher gefüllt. Auf die Oberfläche des Futterbreies streut man noch etwas NIPAGIN (aus der Apotheke), um ihn vor dem Verpilzen zu bewahren.

● Nun legt man noch einige Holzwollefasern oder einige Streifen Papier hinein.

● Anschließend gibt man in jeden Becher einen Ansatz von 20 bis 30 Fruchtfliegen und verschließt jeden oben mit einem Stück Gaze (oder einem Stück Nylonstrumpf) und einem Gummiband.

● An einer etwa 25 °C warmen Stelle untergebracht, gedeihen die Fruchtfliegen gut, klettern auf den Holzwollefasern herum und paaren sich. Die bald aus den Eiern schlüpfenden Larven fressen sich regelrecht durch den Nährbrei und nach spätestens 3 Wochen können die ersten neuen Fruchtfliegen aus dem Becher in das Terrarium geschüttelt werden.

● Erneuert man die Zuchtansätze rechtzeitig, hat man immer genügend Fruchtfliegen zur Verfügung.

● Damit der Futterbrei nicht zu trocken wird, ist er regelmäßig zu besprühen.

ACHTUNG
Bei der Zucht treten neben flugfähigen auch immer flugunfähige Fruchtfliegen auf, denen man beim Züchten den Vorzug geben sollte, da sie von kleinen Bodenbewohnern besonders gut zu erbeuten sind!

WICHTIG
Vergessen Sie nicht, die
Fliegen mit Mineralstof-
fen zu bestäuben, bevor
Sie sie Ihren Pfleglingen
verabreichen.

Stubenfliegen (*Musca domestica*)

Die Zucht von Stubenfliegen ist ebenfalls recht einfach:

● Man hält die Fliegen in einem großen Behälter mit Gazedeckel oder einem Holzrahmenkäfig mit gazebespannten
Seiten und Deckel und füttert sie mit Zuckerwasser und
süßem Obst.

● Auf den Behälterboden stellt man die Eiablageschalen,
am besten 500 g fassende Margarinebecher aus Kunststoff.

● Die Becher füllt man etwa zur Hälfte mit Madenfutter,
einem krümeligen Brei aus Weizenkleie und Quark.

● Haben die Fliegen genügend Eier auf dem Brei abgelegt,
wird der Kunststoffbehälter entnommen, mit einem Gazedeckel versehen und durch einen neuen ersetzt.

● Bei Temperaturen um 27/28 °C entwickeln sich die Maden
gut und verpuppen sich nach einiger Zeit.

● Die Puppen müssen Sie abtrocknen und in Gläsern kühl
aufbewahren.

● Sobald Sie die Puppen in einen wärmeren Raum bringen,
schlüpfen bald die Fliegen. Sie erhalten einige Tage Futter,
bevor sie verfüttert werden.

*Alle Laubfrösche
brauchen im Terrarium
fliegende Insekten.
Stubenfliegen sind leicht
zu züchten und werden
gern von den Laub-
fröschen im Sprung
gefangen.*

Wachsmotten (*Galleria mellonella*)

Bei diesen Insekten verfüttert man hauptsächlich die Raupenstadien. Für die Zucht der Wachsmotte musste man in der Vergangenheit immer guten Kontakt zu einem Imker haben, denn als Nahrung verlangen die Raupen in der Natur gewöhnlich Bienenwaben.

● Für einen Zuchtansatz nimmt man am besten 5- bis 10-Liter-Kunststoffeimer mit Deckel, in dem sich ein Lüftungsfeld mit Metallgaze befindet.

● Können keine Bienenwaben aufgetrieben werden, lässt sich ersatzweise ein Nahrungsbrei herstellen. Er setzt sich aus Honig (1000 g), Glycerin (500 g), Trockenhefe (100 g), Kükenaufzuchtfutter (1000 g) und Kleie (200 g) zusammen. Das Ganze wird gut vermischt.

● Nun schüttet man einen Ansatz von 30 bis 40 Wachsmotten hinzu und stellt das Ganze an einen Platz mit Temperaturen um 25 bis 28 °C.

● Aus den Eiern schlüpfen nach etwa 2 Wochen die ersten Raupen, die man gleich verfüttern kann. Erst nach über 40 Tagen schlüpfen die Wachsmotten.

TIPP Versuchen Sie, für die Zucht von Wachsmotten von einem Imker alte Wachswaben zu bekommen. Sie sind ein besonders wertvolles Futter für die Motten, denn sie beinhalten neben Nährstoffen auch viele Vitamine und Mineralien!

ACHTUNG
Entkommene Raupen der Wachsmotte können sich in Gardinen, Polstermöbeln und Büchern verpuppen und dabei Schäden anrichten.

Ein wertvolles Futter für Terrarientiere: Wanderheuschrecken. Man bekommt sie im Zoohandel oft in allen Größen angeboten.

> **WICHTIG**
> Entwichene Heimchen können sich im Gegensatz zu Grillen auch in Wohnräumen vermehren und dort sehr lästig werden. Daher sind ihre Behälter immer gut unter Verschluss zu halten.

> **INFO**
> Bei diesem Zuchtverfahren stehen immer Grillen in verschiedenen Größenstadien zum Verfüttern zur Verfügung.

Mittelmeergrillen (*Gryllus bimaculatus*) und Heimchen (*Acheta domestica*)

Beide gehören ebenfalls zu den bewährten Futtertieren und ihre Haltungsbedingungen sind identisch.

● Als Zuchtbehälter bieten sich Aquarien oder Kunststoffterrarien mit Gazedeckel an. Als Bodengrund eignet sich Sand. Die Umgebungstemperatur sollte bei 30 °C liegen.

● Täglich erhalten die Grillen in einer Futterschale etwas Obst, Gemüse, Haferflocken, Keimweizen oder Löwenzahnblätter.

● Für die legebereiten Weibchen muss stets ein Legebehälter erreichbar sein. Geeignet sind Schalen mit etwa 10 bis 20 cm Durchmesser, ungefähr 7 bis 8 cm hoch mit einem leicht feuchten Sand-Erde-Gemisch gefüllt. Täglich sprühen!

● Als Versteckmöglichkeit und Häutungshilfen dienen Eierkartons oder Pappröllchen. Diese Röllchen dürfen aber nur so groß sein, dass die Grillen dort gerade hineinpassen.

● Wöchentlich tauscht man die Legeschalen gegen neue aus.

● Die Schalen mit den Eiern stellt man in einen eigenen Aufzuchtbehälter. Hier erhalten die bald schlüpfenden Grillen das gleiche Futter wie erwachsene.

Grillen sind nicht nur leicht zu züchtendes „Futter" sondern auch interessante Studienobjekte in einem Insektarium.

Wann und wie viel sollte man füttern?

Grundsätzlich sollte man die Tiere kurz nach Beginn ihrer Aktivitäten füttern, das heißt tagaktive entsprechend morgens, nachtaktive erst bei Einbruch der Dunkelheit. Das bedeutet auch, dass Sie sich bereits vor der Einrichtung des Terrariums fragen müssen, ob Sie Ihren Tagesablauf so gestalten können, dass Sie die Terrarientiere zu den richtigen Zeiten füttern.

An Futtermenge erhalten die meisten Terrarienbewohner nur so viel, wie sie innerhalb kürzester Zeit verzehren können, denn Futterreste belasten bei ihrer Zersetzung unnötig die Luft oder das Wasser. Erwachsenen Exemplaren sollte man darüber hinaus in der Regel nur alle 2 bis 3 Tage Futter anbieten. Ein Überangebot kann leicht zur Verfettung führen und dann sind die Tiere oft nicht mehr fortpflanzungsfähig. Im Gegensatz dazu gibt es einige kleine Arten, wie zum Beispiel Pfeilgiftfrösche (Dendrobatiden), die fast ständig im Futter stehen müssen. Dies gilt auch für viele Jungtiere.

Züngelnd sucht die Strumpfbandnatter (Thamnophis sirtalis) nach Nahrung.

Tiere in Terrarien – exotisch und interessant

Um nicht gleich negative

Erfahrungen zu machen, achten

Sie darauf, gesunde Tiere zu

erwerben, deren Lebensweise Sie

inzwischen auch gut kennen

sollten!

Ein Grüner Riesengiftfrosch (Dendrobates trivittatus).
Auch diese Pfeilgiftfrösche hält
man in einem Regenwaldterrarium.

Was sind Amphibien (Lurche)?

WICHTIG

Alle Lurche verzehren als Landform nur lebende Nahrung, als Froschlarven auch schon einmal pflanzliche.

Die Vertreter dieser Wirbeltierklasse zeichnen sich durch ihren im Larvenstadium an das Wasser und anschließend gewöhnlich an das Landleben angepassten Körperbau aus. Als Larven haben sie noch Kiemen und nehmen damit Sauerstoff aus dem Wasser auf, als Landbewohner besitzen sie meist einfach gebaute Lungen. Die damit verbundene Umwandlung (Metamorphose) ist sehr kompliziert und verlangt während der Aufzucht im Terrarium unsere besondere Aufmerksamkeit.

Da Lurche auch über ihre gewöhnlich recht dünne Haut Sauerstoff aufnehmen können, muss sie stets leicht feucht oder/und gut gegen Verdunstung geschützt sein.

Amphibien sind wechselwarme Tiere, das heißt, ihre Körpertemperatur ist immer von der Außentemperatur abhängig. Zu warme, zu trockene, aber auch zu kalte Zeiten überdauern sie oft an feuchten, kühleren Stellen. Mit dem Ansteigen der Temperaturen beginnt häufig auch ihre Fortpflanzungszeit. In den Tropen leben besonders viele Lurcharten, da ihnen das feucht-warme Klima optimale Bedingungen bietet.

ACHTUNG

Haben Sie Amphibien angefasst, sollten Sie sich immer die Hände waschen, weil es sonst zu Hautreizungen kommen kann.

Amphibien können giftig sein

Gegen Hautparasiten und mögliche Fressfeinde sind Lurche gut geschützt. Ihre drüsenreiche Haut sondert Stoffe ab, die auf andere Lebewesen toxisch wirken können. Diese Gifte sind sehr unterschiedlich stark und vielen Menschen vor allem von den so genannten Pfeilgiftfröschen (Dendrobatiden) her bekannt.

Amphibien als Terrarienbewohner

Obwohl man 3 Amphibiengruppen unterscheidet, spielen in der Terraristik lediglich die Schwanzlurche (*Caudata/Urodela*) und die Froschlurche (*Salientia/Anura*) eine größere Rolle. Von ihnen gibt es 15 mm lange, aber auch 150 cm lange Formen. Vor allem Arten aus den gemäßigten Klimabereichen legen im Winter eine Ruhephase ein (Winterstarre), die man auch den im Terrarium gehaltenen Tieren ermöglichen sollte.

Unter den Amphibien gibt es auch etliche Arten, die nur zur Fortpflanzungszeit ein Gewässer aufsuchen müssen, ansonsten jedoch fernab von Gewässern leben, wie z.B. viele Krötenarten. Manchmal sind diese „Gewässer" auch nur kleine Wasseransammlungen, wie in den Blattachseln von Bromelien. Die Wasserabhängigkeit ist jedoch kein Merkmal für Amphibien, denn es gibt auch Reptilien, die eng an Gewässer gebunden sind, wie Krokodile, Wasserschildkröten, -schlangen und einige Echsen, darunter auch Basilisken.

Stirnlippenbasilisken (Basiliscus plumifrons) werden häufig angeboten. Sie brauchen aber sehr große Terrarien, da sie über 90 cm lang werden.

93

Amphibien im Porträt

Schwanzlurche

Im Gegensatz zu den übrigen Gruppenmitgliedern haben diese Lurche auch im Erwachsenenstadium einen gut entwickelten Schwanz.

Die Befruchtungsweise dieser Tiere ist innerhalb der Wirbeltierklasse einzigartig, da trotz fehlenden Begattungsorgans eine innere Befruchtung der Eier erfolgt. Hierzu setzt das Männchen seinen Samen mit einem Samenträger (*Spermatophore*) ab, den das Weibchen anschließend mit der Kloake aufnimmt. Häufig verständigen sich die Geschlechtspartner zuvor durch ein arttypisches Balzverhalten über den Zeitpunkt der Spermatophorenübergabe.

Viele Schwanzlurchweiben legen später die befruchteten Eier im Wasser ab, aber es gibt auch Arten, bei denen die gesamte Entwicklung – vom Ei bis zum fertigen Individuum – im Körper des Weibchens erfolgt, wie zum Beispiel beim Alpensalamander (*Salamandra atra*).

> **WICHTIG**
> Manche Schwanzlurche, wie zum Beispiel der heimische Feuersalamander, können in einem zu tiefen Wasserteil ertrinken, wenn sie nicht leicht an Land klettern können.

Burma-Krokodilmolch (*Tylototriton verrucosus*)
Aussehen: bis 18 cm, massiger, plump wirkender Schwanzlurch mit bräunlicher bis schwärzlicher Grundfarbe. Kopf breit und vom Rumpf deutlich abgesetzt. Ein halbkreisförmiger Knochenwulst zieht sich an beiden Seiten von der Schnauzenspitze über den Kopf bis zu den Hinterkopfdrüsen. Entlang der Rückenmitte bis zur Schwanzwurzel zieht sich ein weiterer Knochenwulst. Daneben befindet sich je eine Reihe 13–15 knopfartiger Drüsen. Diese Drüsen und die Knochenwülste sind ebenso gelblich bis ziegelrot abgesetzt wie die Gliedmaßen und der seitlich etwas zusammengedrückte Schwanz. Männchen haben einen etwas größeren Kloakenwulst.
Verbreitung: China (Junnan), N-Burma, Sikkim und N-Thailand.
Lebensraum: dichte Waldgebiete.
Lebensweise: Die dämmerungs- und nachtaktiven Molche halten sich vor allem unter Falllaub, Steinen oder morschem Fallholz auf. In der Fortpflanzungszeit begeben sie sich in kleine Gewässer. Zu dieser Zeit sind sie auch tagsüber aktiv.

Terrarium: Waldterrarium mit Wasserteil, Sumpfterrarium.
Einrichtung: Buchenlauberde als Bodengrund, Moospolster, Moorkienwurzel oder hohl liegendes Rindenstück als Versteckmöglichkeit. In der Fortpflanzungszeit ist ein Wasserteil mit Wasserpflanzen erforderlich.
Lufttemperatur: 20–23 °C, Wasser: 22–24 °C.
Futter: Regenwürmer, kleine Nacktschnecken, Asseln, Rote Mückenlarven, glatte Raupen.
Haltung: Den Tag verbringen die Tiere meist in ihrem Versteck, das sie gewöhnlich am späten Nachmittag verlassen, um auf Nahrungssuche zu gehen. Sprüht man am frühen Nachmittag, erscheinen die Molche oft vorzeitig.
Im Januar/Februar lässt man die Temperatur auf etwa 15 °C sinken. Nun legen die Tiere eine Futterpause ein und verbleiben in ihrem Versteck. Leichtes Sprühen ist auch dann noch erforderlich.
Zucht: Anfang April wird die Temperatur langsam wieder erhöht und es wird häufig gesprüht. Bald suchen die Molche den Wasserteil auf. Das Weibchen nimmt mit seiner Kloake das Spermienpaket (*Spermatophore*) des Männchens auf und heftet einige Tage später bis zu 90 Eier einzeln an Wasserpflanzen oder Scheiben. Die Eier sind dabei an fadenähnlichen Gebilden befestigt.
Aufzucht: Die Eier werden geborgen und mit Wasser aus dem Wasserteil auf verschiedene Kunststoffdosen verteilt. Nach etwa 2–4 Wochen schlüpfen daraus die Larven. Auch sie benötigen stets sauberes Wasser. Um es mit Sauerstoff anzureichern, bietet sich ein Aquariendurchlüfter mit Sprudelstein an. Die Larven ernähren sich am Anfang lediglich von sehr kleinen Wassertierchen, wie frisch geschlüpften Hüpferlingen (*Cyclops*) und Wasserflöhen (*Daphnia*). Bis zur Umwandlung zum fertigen Jungmolch vergehen ungefähr 4 Monate.

Ähnlich zu haltende Arten:

● **Fleckensalamander (*Ambystoma maculatum*):** 15–25 cm, 18–21 °C. Sie sollten bei etwa 10 °C eine Winterruhe einlegen. Eier werden im Wasser in Paketen von ungefähr 100 Stück abgelegt. Larven schlüpfen nach 4–7 Wochen und müssen auf mehrere Becken verteilt werden.

> **WICHTIG**
> Da viele Schwanzlurche ihrem Nachwuchs nachstellen, sind ihre Eier, Larven und Jungtiere rechtzeitig zu bergen und in ein eigenes Aufzuchtbecken zu überführen!

Hält man Burma-Krokodilmolche artgerecht und ihrem natürlichen Klima entsprechend, kann man mit Nachwuchs rechnen.

Froschlurche

Froschlurche besiedeln die unterschiedlichsten Lebensräume von Regenwäldern bis zu Wüsten, von Tiefebenen bis zu über 4000 m hohen Gebirgsregionen.

Bei den Larven (Kaulquappen) sind äußere Kiemen höchstens kurz nach dem Schlüpfen vorhanden und bei ihnen erscheinen auch erst die Hinterbeine, dann die Vorderbeine.

Nach ihrer Metamorphose sind Froschlurche schwanzlos und haben im Gegensatz zu den Schwanzlurchen auch deutlich kräftigere Hinter- als Vorderbeine. Daher können sich viele von ihnen auch schnell fortbewegen und gewaltige Sprünge ausführen.

> **INFO**
> Neben Froschlurchen, die sehr streng an das Wasser gebunden sind, gibt es auch solche, die weit entfernt vom nächsten Gewässer leben.

Der Krallenfrosch (Xenopus laevis) gehört zu den Veteranen unter den Aqua-Terrarien-Pfleglingen.

Krallenfrosch (*Xenopus laevis*)

Aussehen: bis 11 cm. Oberseite hell- bis dunkelgrau und gefleckt. Kräftige Schwimmhäute, Krallen der Vorderbeine nach vorne gerichtet. Augen sitzen auf dem Kopf und sind leicht schräg nach oben gerichtet.

Verbreitung: Afrika.

Lebensraum: Gewässer mit dichtem Pflanzenwuchs.

Lebensweise: Die räuberisch lebenden Frösche sind streng an Wasser gebunden, jagen unter Wasser kleinere Wasserinsekten und deren Larven, Kleinkrebse und Würmer. Bei der Paarung umklammert das Männchen das Weibchen im Lendenbereich. Dabei werden die Eier ausgestoßen, außerhalb des Weibchens befruchtet und sinken zu Boden. Die Larven stehen meist leicht schräg im Wasser und filtern Futterpartikel heraus.

Terrarium: Sumpfterrarium.

Einrichtung: benötigen keinen Landteil, höchstens als Dekoration. Wasserpflanzen bieten Versteckmöglichkeiten!

Wassertemperatur: 20–25 °C.

Futter: Wasserflöhe, Mückenlarven, kleine Regenwürmer.

Haltung: Die Frösche verbergen sich gern zwischen bis ins Wasser hängenden Ampelpflanzen. Sparsam füttern (Verfettungsgefahr!). 4- bis 8-wöchige Ruhephase bei Wassertemperaturen zwischen 10 und 16 °C günstig für anschließende Fortpflanzung.

Zucht: Nach Erhöhen der Temperatur oder einem Wasserwechsel laichen die Frösche manchmal spontan ab.

Aufzucht: Den Laich bringt man mit Wasser aus dem Wasserteil in ein eigenes Aufzucht-Aquarium. Die geschlüpften
Larven erhalten fein geriebenes Zierfisch-Trockenfutter.

Ähnlich zu haltende Arten:

● **Große Wabenkröte (*Pipa pipa*):** bis 20 cm, graue bis
braune Oberseite. Hinterbeine ohne Krallen. An den Fingern
Tastorgane (4 Strahlen mit je 4 Spitzen). Beim Laichen werden die Eier auf die Rückenhaut des Weibchens gedrückt und
von der Rückenhaut innerhalb von 2 Tagen überwachsen.
Nach etwa 3 Monaten schlüpfen die Jungen.

● **Kleine Wabenkröte (*Pipa carvalhoi*):** bis 6 cm, mittel- bis
dunkelgrau. 3 Krallen an den Hinterbeinen. Fortpflanzung
wie Pipa pipa, aus der Rückenhaut schlüpfen jedoch Kaulquappen, die man mit Zierfisch-Trockenfutter aufzieht.

● **Zwerg-Krallenfrosch (*Hymenochirus boettgeri*):** bis 4 cm,
hellbraune bis mittelbraune, gefleckte Oberseite. Paar
schwimmt in Rückenlage unter dem Wasserspiegel, laicht
dabei ab, bis 1000 Eier möglich.

> ### WICHTIG
> Bei der Aufzucht sehr
> vieler Froschlurchlarven
> ist ein regelmäßiger Was-
> serwechsel erforderlich,
> da sie Stoffe ausscheiden,
> durch die andere Larven
> geschädigt werden kön-
> nen. Etwa alle 2–3 Tage
> ersetzt man ein Drittel
> der Wassermenge durch
> gleich temperiertes
> Frischwasser!

*Häufig werden
Zwergkrallenfrösche
(Hymenochirus boett-
geri) fälschlicherweise
in Aquarien mit viel
zu hohem Wasserstand
gehalten!*

Amerikanischer Laubfrosch (*Hyla cinerea*)

Aussehen: bis 65 mm. Glatte Oberseite gewöhnlich grün bis blaugrün. Einige weißliche oder gelbliche Tupfen können vorhanden sein. Ein weißliches oder gelbliches Band, oft dunkel gesäumt, zieht sich an Kopfseiten und Flanken entlang bis zum Oberschenkelansatz. Männchen bleiben kleiner.

Verbreitung: SO-USA.

Lebensraum: Sträucher, Stauden und Bäume in der Nähe von Feuchtgebieten.

Lebensweise: dämmerungs- und nachtaktiv. Können weit springen. Dabei jagen sie vor allem Insekten, wechseln so aber auch ihren Standort. Im Norden ihres Verbreitungsgebietes legen sie an frostsicheren Stellen eine Winterruhe ein. Danach Paarung und Ablaichen in nahen Gewässern.

Terrarium: hohes Sumpfterrarium.

Einrichtung: Kletteräste und hoch wachsende Pflanzen. Kleiner Strahler erforderlich, Wasserpflanzen.

Lufttemperatur: 22–28 °C, Wasser: 25 °C.

Futter: vor allem Fliegen, Wachsmotten, aber auch Grillen und Heimchen.

Haltung: verbringen oft den Tag auf einem Blatt oder Ast im Wärmekegel eines Strahlers. Futter erhalten sie am besten am späteren Nachmittag. Vor allem nach Ausschalten der Beleuchtung gehen sie auf die Jagd. Häufig suchen sie auch den Wasserteil auf, um über die Haut Feuchtigkeit aufzunehmen. Alle 2–3 Tage ist leicht zu sprühen.

Zucht: Im Spätherbst lässt man die Frösche etwa 2–3 Wochen fasten, Beleuchtung und Heizung bleiben ausgeschaltet. Dann setzt man sie möglichst einzeln in größere Kunststoffdosen oder zu mehreren in 10-Liter-Kunststoffeimer, in denen sich feuchte Schaumstoffwürfel befinden. Der Boden muss leicht mit Wasser bedeckt sein. Den Behälter mit einem Deckel verschließen und an einen etwa 5–6 °C kühlen Ort stellen. Alle 2–3 Wochen die Frösche kontrollieren, dabei gelangt Frischluft in den Behälter. Etwa nach 2–3 Monaten den Behälter in die Nähe des Terrariums stellen, damit sich die Frösche langsam wieder an die höheren Temperaturen gewöhnen. Am nächsten Tag kann man sie in ihr Terrarium setzen und wieder Beleuchtung und Strahler einschalten. Ab nun 2-mal täglich ausgiebig sprühen, damit die Luftfeuchtigkeit ansteigt. Bald beginnt die Paarung. Nach dem Laichen

TIPP Man kann diese Laubfrösche im Sommer auch in einem ausbruchsicheren großen Terrarium (Freiluftterrarium) im Freiland halten. Hier geraten sie oft noch eher in Fortpflanzungsstimmung!

finden sich zwischen den Wasserpflanzen mehrere kleine Laichballen, die man in ein kleines Aquarium überführt.

Aufzucht: Sobald die Larven frei schwimmen, können sie mit Zierfisch-Trockenfutter, Salat- und Löwenzahnblättern gefüttert werden. Nach der Umwandlung verzehren die Jungfrösche kleines Lebendfutter.

Ähnlich zu haltende Arten:

● **Königslaubfrosch (*Hyla regilla*):** 19–50 mm. Ein Laichballen umfasst 18–25 Eier, von einem Weibchen sind insgesamt über 1000 Eier möglich. Kaulquappen auf viele Aquarien verteilen und täglich teilweise Wasser wechseln.

● **Baumfrosch (*Smilisca baudinii*):** 75–90 mm. Einige Wochen trockener halten, anschließend täglich mehrmals sprühen. Der Laich bildet auf der Wasseroberfläche flache Klumpen, meist zusammenhängend als Oberflächenfilm. Es sind durchaus bis zu 600 Eier pro Laichakt möglich. Nach 24 Stunden schwimmen die ersten Larven frei, nach 18 Tagen sind die ersten Frösche fertig entwickelt.

> **INFO**
> Fast alle Laubfroscharten (Gattung *Hyla*) und viele andere Baumfroscharten sind ähnlich zu halten!

Vor allem für Neueinsteiger ist der Amerikanische Laubfrosch (Hyla cinerea) zu empfehlen.

> **ACHTUNG**
> Das Männchen kann eini-
> ge Tage nach der Paarung
> noch einmal mit weiteren
> Weibchen laichen.

Australischer Sumpffrosch (*Limnodynastes peronii*)

Aussehen: bis 65 mm. Rücken rotbraun, schwarz gefleckt. Flanken heller, Bauch weißlich. Ein dunkles Schläfenband zieht sich vom Auge bis zu den Vordergliedmaßen. Dem heimischen Grasfrosch (Rana temporaria) sehr ähnlich.

Verbreitung: O-Australien, N-Tasmanien.

Lebensraum: langsam fließende und stehende Gewässer.

Lebensweise: stark ans Wasser gebunden.

Terrarium: Sumpfterrarium.

Einrichtung: Landteil mit Versteckmöglichkeit (Korkröhre, hohl liegendes Rindenstück), Wasserstand etwa 4 – 5 cm. Schwimmpflanzen im Wasserteil.

Lufttemperatur: 20 – 28 °C, Wasser 20 °C.

Futter: Insekten und Würmer.

Haltung: genügsam, können von Frühjahr bis Herbst auch in einem ausbruchssicheren Freiluft- oder Freilandterrarium leben. Verzehren alle möglichen Insekten und deren Larven, aber auch Regenwürmer. Im November die Temperatur auf etwa 15 °C absenken, erst wieder Anfang Februar erhöhen.

Zucht: Bald nachdem die höheren Temperaturen erreicht sind, geraten die Frösche in Fortpflanzungsstimmung und man hört immer wieder die Rufe der Männchen („Tock" – etwa vierzig- bis fünfzigmal pro Minute), die oft in ein Knarren übergehen. Bald umklammert das Männchen das Weibchen und dieses legt oft wenige Tage später die kleinen Eier. Bereits zuvor hat das Weibchen mit seinen sehr kräftigen Vorderbeinen und durch Schlagen auf die Wasserfläche zwischen Schwimmpflanzen ein Schaumnest gebaut. Dabei dient als Hilfsmittel ein Sekret, das das Weibchen ins Wasser abgegeben hat. Im Schaumpolster befinden sich nun die Eier und die Oberfläche des Schaumnestes wird relativ fest.

Der Australische Sumpf-frosch (Limnodynastes peronii) erinnert im Aussehen an unseren heimischen Grasfrosch.

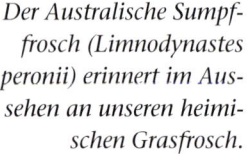

Aufzucht: Um das im Durchmesser etwa 10 cm große Schaumnest vor Zerstörung zu schützen, schöpft man es vorsichtig mit Wasser mit einer Schale ab und überführt es in ein Aquarium. Nach einiger Zeit löst sich das Schaumnest langsam auf und schon 48 Stunden später schlüpfen die Larven und schwimmen bereits nach weiteren 48 Stunden frei im Wasser. Sie sind zu diesem Zeitpunkt etwa 6 mm lang und verzehren vor allem am Boden liegende Futterteile (Zierfisch-Trockenfutter, aufgetaute Wasserflöhe und Mückenlarven, Salatblätter). Nach ungefähr 2 Monaten sind sie 55 – 60 mm lang und ihre Umwandlung beginnt. Danach sind die Jungfrösche etwa 15 –17 mm lang und lassen sich mit kleinen Insekten leicht aufziehen.

Ähnlich zu haltende Arten:

● **Tasmanischer Sumpffrosch** (*Limnodynastes tasmaniensis*): bis 45 mm. Während der Umklammerung scheidet das Männchen ein schleimiges Sekret aus. Nun schlägt das Weibchen mit den Vorderarmen daraus einen Schaumhügel, in den es die 100 – 200 Eier legt.

● **Chinesische Rotbauchunke** (*Bombina orientalis*): bis 4,5 cm. Sehr an Wasser gebunden. Verzehrt Regenwürmer, mittelgroße Insekten. Man überwintert sie etwa 2 Monate. Männchen rufen („Huhuhu"), entwickeln dunkle Brunftschwielen und versuchen, die Weibchen in der Lendengegend zu umklammern. Laichen oft nach Wasserwechsel mit etwas kühlerem Wasser. 20 – 60 Eier am Boden und zwischen den Wasserpflanzen. Sollten in einem Aquarium aufgezogen werden.

> **WICHTIG**
> Unter optimalen Bedingungen können die Frösche schon nach einem halben Jahr geschlechtsreif sein.

> **ACHTUNG**
> Da Jungunken leicht ertrinken können, müssen sie problemlos an Land gehen können.

> **INFO**
> Die 6,5 –8 cm große Riesenunke (Bombina maxima) ist genau wie *B. orientalis* zu halten und zu züchten!

Im Schaumnest des Australischen Sumpffrosches sind die schwarzen Eier gut zu erkennen.

Erdbeerfrosch (*Dendrobates pumilio*)

Aussehen: 1,8–2,4 cm. Rücken meist rötlich und oft mit schwarzen oder bläulichen Flecken besetzt. Bauch und Gliedmaßen ebenfalls rot, blau oder schwarz. Es gibt auch völlig abweichende Färbungen, Exemplare aus Panama mit blauem oder grünlichem Rücken und blauem oder weißem Bauch. Männchen manchmal mit dunkler Kehle.

Verbreitung: Nicaragua, Costa Rica, W-Panama (bis 960 m ü. NN).

Lebensraum: Regenwälder, aber auch Kakaoplantagen.

Lebensweise: Bodenbewohner, halten sich meist im Laubstreu der Bäume oder zwischen Steinen auf. Können an schräg stehenden Baumstämmen hochklettern, um Bromelientricher aufzusuchen. Männchen rufen fast täglich, beginnen beim Anblick eines Weibchens mit ruckartigen Tänzelbewegungen. Folgt dem Männchen ein laichbereites Weibchen, suchen sie gemeinsam einen geeigneten Laichplatz, bevorzugt kleine Höhlen. Mehrere Gelege, bestehend aus jeweils 5–8, etwa 1,3–1,5 mm dicken Eiern. Am Ende der Entwicklung klettern die Kaulquappen einzeln auf den Rücken des Weibchens und werden von ihm zu den Blattachseln von Bromelien transportiert. Dort gleiten die Larven ins Wasser. In jeder Blattachsel befindet sich später aber immer nur eine Larve. Später legt das Weibchen unbefruchtete „Nähreier" in diese Kleinstgewässer, von denen sich die Larven bis zum Ende ihrer Metamorphose ernähren.

Terrarium: kleines Regenwaldterrarium.

Einrichtung: Buchenwalderde, Moospolster, halbierte Kokosnussschalen als Höhle.

Futter: Fruchtfliegen, Wachsmotten und deren Larven, kleine Grillen und Heimchen, Blattläuse; Jungtiere verzehren auch Springschwänze.

Haltung: ein Männchen und 2 Weibchen in einem Terrarium mit einer Grundfläche von 40 x 30 cm. Als Bodengrund eignen sich Blähtonkugeln oder lockere Buchenwalderde mit einigen Moospolstern darauf. Kunsthöhle mit einer kleinen Uhrglas- oder Petrischale oder einer anderen glatten Fläche als Laichplatz. Bromelie als Dekoration, ihre wassergefüllten Blattachseln dienen als Kleinstgewässer für die Larven. Andere Dendrobatiden nehmen auch einen kleinen Wasserteil an. Tagsüber sind Temperaturen zwischen 23 und 29 °C erforder-

> **TIPP**
> **Als Ablaichhöhle sind bei kleinen Pfeilgiftfröschen auch Kunststoff-Filmdosen geeignet.**

lich, nachts 20–22 °C. Täglich sprühen, da hohe Luftfeuchtigkeit nötig ist.

Zucht: siehe Lebensweise. Können sich fast ganzjährig fort-
pflanzen.

Aufzucht: Die Aufzucht sollte im Terrarium der Eltern erfol-
gen. Dann kann man ihre Brutpflege beobachten.

Ähnlich zu haltende Arten:

● **Dreifarbiger Baumsteiger (*Epipedobates tricolor*):**
bis 24 mm. Weibchen legen die Eier in kleinen Gruppen gern
auf glatten Flächen ab. Männchen bewacht das Gelege und
transportiert später die Kaulquappen auf dem Rücken zum
Wasser.

● **Goldbaumsteiger (*Dendrobates auratus*):** bis 40 mm.
Weibchen legen 5–25 Eier. Später trägt das Männchen bis zu
3 Larven auf dem Rücken zum Wasser. Aufzucht mit Zierfisch-
Flockenfutter und zerkleinerten Mückenlarven.

● **Grüner Riesengiftfrosch (*Dendrobates trivittatus*):**
bis 49 mm, fressen auch kleine Grillen, Heimchen, Wachsmotten, Fliegen. Weibchen legen Eier auf glatte Fläche in
Kunsthöhle. Alle Larven werden nach dem Schlupf gleichzeitig zum Wasserteil getragen.

● **Goldfröschchen (*Mantella aurantiaca*):** 2–2,3 cm. Gelege
etwa 60 Eier, in Höhlen abgelegt. Geschlüpfte Larven werden
mit Regen in Gewässer gespült.

> **INFO**
> Alle Gelege werden vom
> Männchen regelmäßig
> angefeuchtet. Es dauert
> etwa 2 Wochen, bis
> sich daraus größere Kaul-
> quappen entwickelt
> haben.

*Der Färberfrosch
(Dendrobates tinctorius)
ist ähnlich zu halten
wie die anderen hier
beschriebenen Dendro-
batiden.*

103

Reptilien (Kriechtiere) als Terrarienbewohner

WICHTIG
Bevor Sie die Temperaturen im Terrarium senken, müssen die Tiere, für die eine Winterruhe (Winterstarre) vorgesehen ist, etwa 14 Tage lang fasten, damit sie ihren Darm rechtzeitig vor der Ruhephase leeren können.

Reptilien unterscheiden sich von Amphibien durch ihre derbe, drüsenarme Haut. Ihre Körperoberfläche kann aus Hornschuppen, Hornplatten und teilweise aus einem Hornpanzer bestehen. Auch Reptilien sind wechselwarm, hängen also im Wesentlichen von Außentemperaturen ab.
Es werden 4 Ordnungen unterschieden:
1. Schildkröten (*Testudines*)
2. Schnabelköpfe (*Rynchocephalia*)
3. Squamata (Schuppenkriechtiere), zu denen die Schlangen (*Serpentes*) und Echsen (*Sauria*) gehören
4. *Crocodylia* (Krokodile)

Manche Reptilien gebären lebende Junge, die meisten legen jedoch dotterreiche Eier, die von einer pergamentartigen oder kalkigen Schale umgeben sind.

Reptilieneier überführt man ohne Lageveränderung in einen Brutbehälter und bettet sie in schadstofffreies Vermiculite (Feuchtigkeit haltender Dämmstoff), Seramis oder mittelgroben Kies. Anschließend deckt man den Behälter mit einem leicht feuchten Tuch ab und stellt ihn an einen Platz mit Temperaturen zwischen 27 und 32 °C. Oft ist auch eine hohe Luftfeuchtigkeit notwendig. Man kann sie durch den Feuchtigkeitsgrad des Tuches steuern. Einen einfach zu bauenden Brutbehälter zeigt die Abbildung rechts.

Hierzu kann ein Aquarium dienen, auf dessen Boden man zwei Ziegelsteine stellt. Auf die Ziegelsteine legt man nun eine Fliese, Glasplatte oder Ähnliches als Stellfläche für die Brutbehälter. Nun füllt man Wasser bis zur Höhe der Brutbehälter und bebrütet die Eier in diesem „Wasserbad".

Reptilien der gemäßigten Klimabereiche legen wie dort lebende Amphibien ebenfalls in der kalten Jahreszeit eine temperaturabhängige Ruhepause (Winterstarre) ein. Die langsame Verminderung der Temperaturen im Herbst und die Winterstarre sind wesentliche Faktoren, durch die diese Tiere hormonell auf die nächste Fortpflanzungsperiode eingestimmt werden. Daher muss man ihnen diese Ruhephase

WICHTIG
Die Umgebungstemperatur muss während der Überwinterung etwa 5 °C (+/– 1 °C) betragen. Daher muss die Überwinterungskiste in einem kühlen, aber frostsicheren Keller stehen.

auch bei der Haltung im Terrarium gewähren, will man sie zur Fortpflanzung bringen. Deshalb sollte man im Terrarium die Temperaturen im Herbst stetig senken, in Freiland- und Freiluftterrarien geschieht dies von selbst. Die Pfleglinge werden dann zunehmend ruhiger, stellen bald die Nahrungsaufnahme ein und suchen einen Platz zum Überwintern. Die wenigsten haben jedoch die Möglichkeit, im Terrarium den Winter zu überdauern, daher setzt man sie im Herbst/Spätherbst in eine Überwinterungskiste. Diese Kiste muss luftdurchlässig sein, aber zum Beispiel Nagern den Zugang unmöglich machen. Gefüllt wird die Überwinterungskiste mit leicht feuchtem Torfmoos (kein Torf!), Buchenlaub oder feuchten Schaumstoffwürfeln.

Bei der monatlichen Kontrolle feuchtet man bei Bedarf das Substrat wieder an. Mit dem Ansteigen der Temperaturen werden die Pfleglinge in der Kiste wieder munter und können in ihr Terrarium zurückgebracht werden.

Europäische Landschildkröten, die ab Mai in einem Freilandterrarium leben, müssen nach dem Erwachen aus der Winterstarre ebenfalls erst in ein Zimmerterrarium oder in ein Treibhaus gesetzt werden, da es im Frühjahr (März/April) draußen noch zu Frosteinbrüchen kommen kann. Im Treibhaus bietet man ihnen einen lockeren Haufen Stroh an, in den sie sich abends und bei kühlen Temperaturen rechtzeitig verkriechen können.

> **ACHTUNG**
> Für Neueinsteiger sind lediglich einige Schildkröten, Schlangen und Echsen zu empfehlen, die robust und nicht sehr anspruchsvoll sind. Die Haltung von empfindlichen Arten oder gar von Krokodilen ist lediglich Zoos oder Reptilienhäusern vorbehalten.

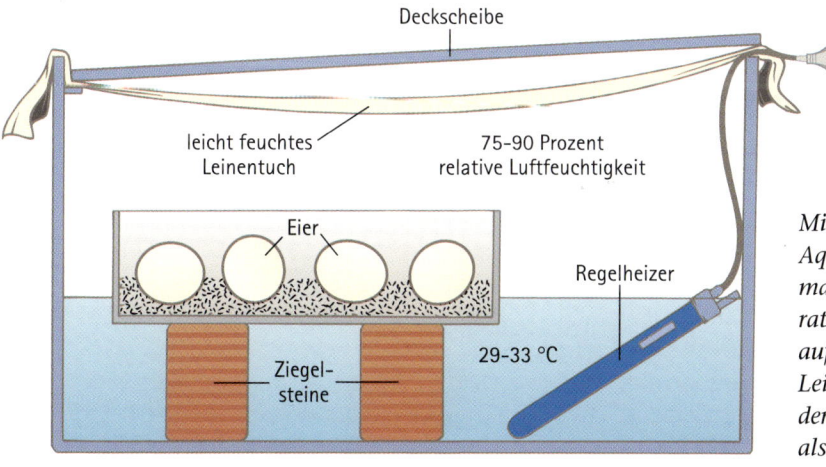

Deckscheibe

leicht feuchtes Leinentuch

75-90 Prozent relative Luftfeuchtigkeit

Eier

Regelheizer

Ziegelsteine

29-33 °C

Mittels regulierbarem Aquarienheizstab stellt man die Wassertemperatur im Brutapparat auf 29–33 °C ein. Das Leinentuch unterhalb der Abdeckscheibe dient als Tropfenfänger.

Reptilien im Porträt

Schildkröten

Schildkröten sind sehr altertümliche Reptilien, die alle wärmeren Regionen und große Teile der gemäßigten Zonen besiedeln. Bei ihnen ist die Wirbelsäule weitgehend mit dem Panzer verwachsen und nur die Hals- und Schwanzregion sind noch mehr oder weniger frei beweglich.

Wasserschildkröten erkennt man gewöhnlich an den Schwimmhäuten zwischen den Hinterfüßen, Landschildkröten an den Klumpfüßen. Alle Schildkröten legen Eier.

Falsche Landkarten-Höckerschildkröte (*Graptemys pseudogeographica*)

Aussehen: Männchen bis 14,6 cm, Weibchen bis 27 cm. Rückenpanzer oliv bis braun, Rippenschilder mit netzförmiger Zeichnung. Randschilder mit hellen Linien. Mittelkiel endet auf dem zweiten und dritten Wirbelschild in einem höckerartigen Sporn, der bei Jungtieren ausgeprägter ist. Bauchpanzer hellgelblich und mit dunkler, symmetrischer Figur. Gelbe Streifen auf dem sonst grauen bis olivfarbenen Hals, den Gliedmaßen und sonstigen Weichteilen. Charakteristischer gelber Hinteraugenfleck. Männchen mit dickerem Schwanz und an den Vorderbeinen längeren Krallen.
Verbreitung: USA.
Lebensraum: stehende und langsam fließende Gewässer.
Lebensweise: stark ans Wasser gebunden, das sie nur zum Sonnenbaden und zur Eiablage verlassen. Suchen ihre Nahrung im Gewässer. Die Weibchen legen zwischen 6 und 13 elliptisch geformte, etwa 38 mm lange Eier. Nach etwa 60–75 Tagen schlüpfen die 25–35 mm langen Jungen.
Terrarium: Sumpfterrarium.
Einrichtung: großer Wasserteil, Landteil für Sonnenbäder und Eiablagen (siehe Abb. Seite 44/45)
Lufttemperatur: 25 bis 30 °C, Wasser: 25 bis 27 °C.
Futter: Rindfleischstückchen, Regenwürmer und Futtersticks für Gartenteichfische.
Haltung: Erwachsene Exemplare benötigen einen großen

INFO
Viele amerikanische Höcker- und Schmuckschildkrötenarten, die fast ständig in den Zoohandlungen angeboten werden, sind ebenso zu halten. Sie können im Alter alle recht groß werden und benötigen dann einen sehr geräumigen Wasserteil und leistungsfähige Filteranlagen.

und etwa 50 cm tiefen Schwimmraum. Der Platz für Sonnenbäder muss über einen Steg erreichbar sein und unter einem
Strahler liegen. Man füttert die Schildkröten spärlich oder nur
alle 2 Tage, damit sie nicht verfetten. Jungtiere erhalten täglich Futter. Erwachsene können während der Sommermonate
(Juni–August) in eine Freilandanlage.

Zucht: Im Spätherbst langsam die Temperaturen auf etwa
21–22 °C und die Beleuchtsdauer von 12–14 Stunden auf
etwa 9 Stunden verringern. Nach 2 Monaten erhöht man die
Temperaturen langsam wieder und die Schildkröten geraten
nun häufig in Paarungsstimmung. Einige Wochen nach der
Paarung gräbt das Weibchen auf dem deutlich höher liegenden Landteil eine etwa 15 cm tiefe Grube und legt dort die
Eier hinein. Sie sind ohne Lageveränderung in einen Brutbehälter zu überführen und bei 27–31 °C und hoher Luftfeuchtigkeit zu bebrüten. Nach etwa 2 Monaten schlüpfen
die Jungen.

Aufzucht: Jungtiere hält man in kleinen Sumpfterrarien unter den gleichen Bedingungen wie Erwachsene. Die Wassertemperatur sollte etwa 26 °C betragen, die Lufttemperatur
etwas höher sein. Als Futter kann man ihnen außerdem Wasserflöhe, Mückenlarven und kleine Regenwürmer geben.

*Echte Landkarten-
Höckerschildkröte
(Graptemys geographica).
Sie werden im Zoohandel
häufig als Jungtiere
angeboten.*

Griechische Landschildkröte (*Testudo hermanni*)

Aussehen: 20–30 cm. Rückenpanzer gelblichbraun, bräunlich oder gelblichgrün. Die einzelnen Schilde sind dunkel gerandet, der Schwanzschild ist gewöhnlich geteilt, am Schwanz befindet sich ein horniger Endnagel. Männchen haben einen dickeren Schwanz.

Verbreitung: S-Europa, W-Türkei.

Lebensraum: Buschlandschaften und Kulturflächen mit genügend Deckung und Versteckmöglichkeit.

Lebensweise: Morgens sonnen sich die Tiere ausgiebig und gehen dann auf Nahrungssuche. Anschließend ziehen sie sich in schattige Verstecke, oft Höhlen zurück. Am späten Nachmittag erscheinen sie wieder, suchen im Frühjahr außerdem nach einem Partner. Vor der Eiablage gräbt das Weibchen mit den Hinterbeinen eine Nistgrube und legt meist 3–6 Eier hinein.

Terrarium: großes Steppenterrarium, Freilandterrarium.

Einrichtung: sonnige und schattige Plätze erforderlich. Außerdem eine Höhle oder Hütte und Büsche.

Lufttemperatur: 20–33 °C.

Futter: vorwiegend Pflanzenkost.

Haltung: Die Schildkröten können von Ende Mai bis September im Freilandterrarium bleiben. Jungtiere hält man vorzugsweise in einem Zimmerterrarium. Einrichtung im Zimmerterrarium täglich leicht übersprühen. Im Spätherbst 2- bis 3-wöchige Fastenzeit einlegen, anschließend die Tiere in handwarmem Wasser baden. Sie trinken dann und leeren ihren Darm. Danach in die Überwinterungskiste überführen.

Zucht: im Frühjahr ebenfalls baden und in geschützte Freilandanlage bringen. Ab Ende Mai sind Paarungen zu beobachten. Männchen steigt senkrecht auf und gibt pfeifende Geräusche von sich. Eier legt man ohne Lageveränderung in einen Brutbehälter. Bei Temperaturen um 28–32 °C schlüpfen nach etwa 2 Monaten die Jungen.

Aufzucht: Jungtiere müssen ein eigenes Terrarium erhalten. Temperaturen etwas niedriger als bei den Erwachsenen. In einer Ecke ist ein leicht feuchter Torfmooshaufen erforderlich, in den sie sich verkriechen.

Griechische Landschildkröte bei der Eiablage. Anschließend muss man das Gelege bergen und künstlich bebrüten.

Ähnlich zu haltende Arten:

● **Maurische Landschildkröte (*Testudo graeca*):** bis 30 cm. Tunesische Exemplare bleiben wesentlich kleiner. Die Schildkröten sind etwas empfindlicher gegen zu niedrige Temperaturen. Exemplare aus Tunesien gelten als sehr heikel und sind für Anfänger nicht geeignet. Daher müssen Sie unbedingt die Herkunft der Schildkröten erfragen.

● **Breitrandschildkröte (*Testudo marginata*):** 28–35 cm, sehr wärmebedürftig. Alte Exemplare werden fast schwarz, jüngere erinnern an Maurische und Griechische Landschildkröten.

● **Vierzehenschildkröte (*Agrionemys horsfieldii*):** bis 20 cm. Flache, im Umriss rundliche Schildkröte, Männchen bleiben etwas kleiner als Weibchen; benötigen im Terrarium, auch im Freilandterrarium, Erdhöhlen. Halten in ihrer Heimat eine monatelange Winter- und Sommerruhe. Verbergen sich auch im Terrarium oft sehr lange, im Sommer häufig für einige Wochen. Besonders positiv ist die Haltung im Treibhaus, da die Temperaturen im Sommer sehr stark ansteigen und nachts stark abfallen können.

Vor dem Schlüpfen zerstört die Griechische Landschildkröte die Eischale mit dem Eizahn und erweitert mit den Vorderbeinen das Loch.

Echsen

Etwa die Hälfte aller derzeit auf der Erde vorkommenden Reptilienarten sind Echsen. Sie sind nahezu weltweit vertreten und besiedeln die unterschiedlichsten Biotope, von den trockenen, heißen Wüsten bis hin zu den feuchtwarmen Regenwäldern. Obwohl einige Arten auch in kühlere Breiten beziehungsweise kühle Gebirgsregionen vordringen konnten, leben die meisten jedoch in den Tropen und Subtropen.

Unter den Echsen gibt es sowohl unterirdisch lebende, wühlende als auch streng auf der Bodenoberfläche lebende Arten. Viele sind geschickte Kletterer, einige davon können sogar Sturzgleitflüge durchführen.

Ein Doppelei von Phelsuma madagascariensis grandis.

Großer Madagaskar-Taggecko (*Phelsuma madagascariensis grandis*)
Aussehen: 28–30 cm. Leuchtend grüne Grundfärbung. Von den Nasenlöchern bis zum Auge zieht sich immer ein roter Strich. Auf dem Rücken können sich große rote Flecken befinden, die auch eine Barrenzeichnung bilden können, mitunter fehlt aber auch jegliche Rotfärbung. Männchen haben eine kräftigere Statur und einen dickeren Kopf.
Verbreitung: N-Madagaskar, Nosy-Bé.
Lebensraum: vorwiegend an Bäumen lebend, aber auch an Bananenstauden und an Häusern.
Lebensweise: tagsüber aktiv. Sie jagen alle möglichen Insekten, naschen aber auch gern an süßem Obst. Männchen sind untereinander sehr unverträglich. Oft leben die Geckos paarweise an einem Baum.
Terrarium: hohes Savannenterrarium.
Einrichtung: Bodengrund unbedeutend. Dicke Bambusstäbe und kräftige Äste als Klettermöglichkeit. Sansevierien sind als Bepflanzung gut geeignet.
Lufttemperaturen: 25–28 °C, nachts 20 °C.
Futter: Grillen, Heimchen, Heuschrecken und andere Insekten, aber auch süßes Obst und Honig.
Haltung: nur paarweise; dabei müssen beide Tiere etwa gleich groß sein und sollten, wenn sie miteinander harmonieren, nicht wieder getrennt werden. Nicht zu viele Süßspeisen geben, das beeinträchtigt ihren Kalkhaushalt. Täglich leicht sprühen, dann lecken sie Wassertropfen auf.

Zucht: Balzverhalten der Männchen ähnelt dem Drohverhalten gegenüber anderen Männchen. Paarungswillige Weibchen zeigen deutliches Demutsverhalten. Vor allem nach Eiablagen werden Männchen oft zu Paarungen animiert, da die Weibchen dann offenbar chemische Lockstoffe absondern. Die beiden Eier werden bevorzugt in Höhlungen oder offene Bambusstäbe gelegt und kleben fest aneinander. Selten werden auch Einzeleier gelegt.

Aufzucht: Da die Eier oft nicht an einer Unterlage haften, kann man sie dem Eiablageplatz entnehmen und in einen Brutbehälter legen. Bei einer Temperatur von 28 °C dauert es etwa 60–65 Tage, bis die ungefähr 67–70 mm langen Jungtiere schlüpfen. Sie sind mit kleinen Grillen, Heimchen, Fliegen und anderen Insekten leicht aufzuziehen. Man darf ihnen nur sehr selten süße Früchte anbieten, muss aber dem Futter regelmäßig Vitamine und Mineralstoffe zufügen.

Ähnlich zu haltende Arten:

● **Goldstaub-Taggecko (*Phelsuma lineata*):** bis 12 cm, sonnenhungrig.

● **Vierfleck-Taggecko (*Phelsuma quadriocellata*):** bis 11 cm.

Jungtier eines Großen Madagaskar-Taggeckos (Phelsuma madagascariensis grandis).

Leopardgecko (*Eublepharis macularius*)

Aussehen: bis 25 cm. Auf dem Rücken zahlreiche schwarzbraune Tupfen und Flecken auf gelblichem Grund. Schwanz rundlich und deutlich segmentiert. Auf der Unterseite der Zehenenden kräftige Krallen. Bewegliche Augenlider, mit denen sie ihre Augen schließen können. Die Bauchunterseite ist stets weiß. Bei Weibchen kann man die Eier hindurchschimmern sehen. Männchen sind massiger gebaut und haben einen größeren Kopf.

Verbreitung: O-Iran, SO-Afghanistan, Pakistan, NW-Indien. Lebensraum: steppenartige Gebiete, Felswüsten bis 2100 m ü. NN.

Lebensweise: Tagsüber verstecken sich die Tiere in Erdhöhlen oder unter hohl liegenden Steinen. Männchen bekämpfen sich untereinander und beanspruchen ein kleines Revier.

Terrarium: Wüstenterrarium.

Einrichtung: Lehm-Sand-Gemisch als Bodengrund. Kunsthöhle als Versteckmöglichkeit. Schale mit lockerem Erde-Sand-Gemisch als Eiablageplatz immer leicht feucht halten.

Lufttemperatur: 28–32 °C, nachts 20–22 °C.

Futter: Grillen, Heimchen, Wachsmaden, Heuschrecken und andere Insekten.

Haltung: Am besten hält man ein Männchen mit 2–3 Weibchen. Täglich ist leicht zu sprühen. Eine flache Wasserschale wird zum Trinken hin und wieder aufgesucht. Senkt man die Beleuchtungsdauer von täglich 12–14 Stunden im September langsam bis zum Winter auf 6–8 Stunden und reduziert die Temperatur in dieser Zeit für 3–4 Wochen auf etwa 15 °C, geraten die Tiere anschließend leichter in Paarungsstimmung.

Zucht: Das Männchen umwirbt das Weibchen, und bald kommt es zur Paarung. Die Weibchen legen die 2 weichschaligen Eier gern in lockere, leicht feuchte Erde, wenn die Umgebungstemperatur etwa 26–30 °C beträgt. Im Laufe eines Sommers sind 2–3 Eiablagen möglich. Die Eier bringt man am besten in einen Brutbehälter und bebrütet sie bei hoher Luftfeuchtigkeit und bei Temperaturen zwischen 26 und 31 °C. Je nach Temperatur schlüpfen die Jungen nach 39 bis 62 Tagen.

Aufzucht: Die 70–85 mm langen Jungtiere besitzen dunkelbraune Querbinden auf dem Rücken und sind mit kleinem Lebendfutter in kleinen Terrarien aufzuziehen.

ACHTUNG

Die Dauer der Entwicklung der Eier wird durch die Bruttemperaturen beeinflusst. Bei etwa 30 °C schlüpfen die Jungtiere eher als bei 25 °C.

Ähnlich zu haltende Arten:

● **Afrikanischer Krallengecko** (*Hemitheconyx caudicintus*):
bis 20 cm. Paarweise halten; Weibchen vergraben gewöhnlich 2 weichschalige Eier im Bodengrund, Schlupf der Jungtiere nach 9–10 Wochen.

● **Wundergecko** (*Teratoscincus scincus*): bis 17 cm.
Massiger Kopf mit großen runden Augen, paarweise halten;
Weibchen legen durchschnittlich 2 Eier aber bis zu viermal innerhalb einer Saison. Die Eier müssen relativ trocken bebrütet
werden (40– 65 % rel. Luftfeuchtigkeit). Nach 10 –12 Wochen schlüpfen die Jungtiere.

● **Amerikanischer Krallengecko** (*Coleonyx elegans*): bis
19 cm, farbenfrohe Art; die Geckos klettern nachts auch
gerne. Gelegegröße und Entwicklung wie bei *C. variegatus*.

● **Gebänderter Krallengecko** (*Coleonyx variegatus*): bis
14 cm. Grundfarbe variiert von Gelb bis Hellbraun, breite
braune Querbänder ziehen sich über Rücken und Schwanz;
Männchen wirken etwas kräftiger gebaut; die Weibchen
legen gewöhnlich pro Gelege 2 Eier, jedoch bis zu viermal
pro Saison. Nach 6–7 Wochen schlüpfen die Jungtiere.

● **Querbändergecko** (*Paroedura pictus*): bis 14 cm. Auffällig
sind der große Kopf und die schmächtigen Beine. Die Grundfarbe ist Schokoladenbraun mit weißen und cremefarbenen
Punkte; Jungtiere haben 4 – 5 hellgelbe Rückenquerbänder
und 9 Schwanzbänder. Die Weibchen legen 1–2 Eier, jedoch
mehrmals pro Saison. Nach 7,5–9 Wochen schlüpfen die
Jungen.

> **TIPP**
> **Nehmen Sie als
> Bodengrund für
> diese Geckos
> feinkörnigen Kies
> und waschen ihn gründ-
> lich aus (halbjährlich),
> kann er wieder verwen-
> det werden.**

*Der Afrikanische
Krallengecko (Hemithe-
conyx caudicinctus) kann
selbst von Neueinsteigern
problemlos vermehrt
werden.*

Rotkehlanolis (*Anolis carolinensis*)

Aussehen: bis etwa 200 mm. Die langschnäuzigen Echsen sind meist grün, können aber auch braun gefärbt sein. Erheblicher Farbwechsel möglich. Männchen haben eine rötliche Kehlfahne und werden etwas kräftiger.

Verbreitung: SO-USA, Bahamas.

Lebensraum: Kulturlandschaften, auch in offenen und dicht bewachsenen Landschaften. Häufig in niedrigen Büschen und Sträuchern.

Lebensweise: Bei Erregung spreizen die Männchen oft ihre rote, weinrote bis violette Kehlfahne. Meist gehen die Anolis erst gegen Mittag auf Insektenjagd und die Männchen beziehen eine erhöhte Position, von der sie ihr Umfeld überblicken können. Bei Anblick eines Weibchens nicken sie oft mit dem Kopf und zeigen die gespreizte Kehlfahne.

Terrarium: hohes Regenwaldterrarium.

Einrichtung: Bodendecker, einzelne Solitärpflanze (zum Beispiel zahlreiche Kletteräste, evtl. Epiphytenstamm, kleiner Strahler.

Dickkopfanolis (Anolis cybotes) bei der Paarung. Alle Anolis zeigen das gleiche Paarungsverhalten.

Lufttemperatur: 25–30 °C.

Futter: vor allem fliegende Insekten, aber auch kleine Grillen, Heimchen.

Haltung: möglichst ein Männchen mit 2 bis 3 Weibchen. Die kleinen Leguane halten sich oft im oberen Terrarienbereich auf. Man füttert sie am günstigsten am frühen Nachmittag, damit sie genügend Zeit zur Jagd nach den Insekten haben.

Gegen Abend ist zu sprühen, die Temperatur kann dann auf etwa 20 °C sinken.

Zucht: Im Laufe eines Jahres legen die Weibchen mehrmals Eier, wobei ein Gelege aus 1 bis 2 Eiern besteht. Obwohl die Eier sich auch im Terrarium der Eltern entwickeln können, sollte man sie vorsichtshalber lieber in einen Brutbehälter überführen und bei Temperaturen um 25 °C und höherer Luftfeuchtigkeit bebrüten. Die Jungen schlüpfen nach etwa 2 Monaten.

Aufzucht: Jungtiere zieht man am besten in einem kleinen Terrarium unter den gleichen Bedingungen wie die Eltern auf. Als Behälter genügen auch schon klare 1-Liter-Kunststoffdosen, die man an der Seite mit kleinen Lüftungslöchern versieht und oben mit Gaze abdeckt. Als Nahrung dienen kleine Insekten, die man mit Vitaminen und mit Mineralstoffen anreichert.

> **INFO**
> Häufig kann man die *Anolis*-Männchen daran erkennen, dass sie eine deutlich größere Kehlfahne haben. Bei den Weibchen mancher Arten fehlt die Kehlfahne!

Ähnlich zu haltende Arten:

● *Anolis allisoni*: 18 bis 22 cm, spitzköpfig, Kulturfolger.

● *Anolis distichus*: bis 20 cm, meist an Bäumen.

● *Anolis porcatus*: bis 21 cm, ähnelt A. carolinensis.

● **Dickkopfanolis** (*Anolis cybotes*): bis 11 cm, sehr anpassungsfähig.

● **Ritteranolis** (*Anolis equestris*): 45–55 cm; benötigen große Terrarien, fressen gelegentlich auch Obst.

● **Kubaanolis** (*Anolis sagrei*): bis 17 cm, viel am Boden und auf Büschen.

Rollschwanzleguan (*Leiocephalus carinatus*)

Aussehen: bis 25 cm. Auf der graugrünen bis graubraunen Grundfärbung einige helle Flecken, die in undeutliche Querbänder übergehen. Männchen tragen während der Fortpflanzungszeit einige kräftige schwarze Bänder am Hals und im Nackenbereich.

Verbreitung: Kuba

Lebensraum: küstennahe Gebiete, in Strandnähe am Fuß von Bäumen und Felsen, aber auch in lichten Waldgebieten.

Lebensweise: Bodenbewohner, die bei Gefahr auf Bäume oder Felsen klettern. Weibchen legen in einer Saison bis zu 5 Gelege mit je 3–6 Eiern.

Terrarium: Savannenterrarium mit großer Grundfläche.

Einrichtung: kleiner Felsaufbau.

Lufttemperatur: 25–30 °C, lokal 35–40 °C.

Futter: Insekten, Regenwürmer.

Haltung: paarweise. Morgens leicht sprühen und gegen Mittag sparsam füttern. Nachts Temperatur auf 18–20 °C sinken lassen. Zuvor graben sich die Echsen in den feuchten Bodengrund ein.

Zucht: etwa für 4–6 Wochen Beleuchtung und Heizung ausgeschaltet lassen (18–20 °C). Werden die Temperaturen anschließend erhöht und die Beleuchtung wieder eingeschaltet, können die Echsen in Paarungsstimmung geraten. Das Weibchen gräbt einige Wochen nach der Paarung einen Gang in den feuchten Bodengrund. An dessen Ende legt es die Eier und scharrt anschließend den Gang wieder zu. Die Eier sollten in einen Brutbehälter überführt werden. Bei Temperaturen von 27–30 °C schlüpfen nach 50–60 Tagen die Jungen.

Aufzucht: am besten einzeln in kleinen Terrarien. Fressen kleine Insekten, die man regelmäßig mit Kalk- und Vitamingaben anreichert.

Ähnlich zu haltende Arten:

● **Schreibers Erdleguan** (*Leiocephalus schreibersii*): bis 22 cm. Etwas kräftiger und massiger als L. personatus; Grundfarbe der Oberseite ist Hellbraun, an den Flanken ziehen sich einige rote Punkte entlang und bilden Querbinden. Männchen haben eine bläuliche Kehle. Weibchen legen

TIPP
Vor allem Erdleguane werden sehr häufig im Zoohandel angeboten und sind relativ einfach zu halten und zu züchten.

mehrmals im Jahr 3–8 Eier, der Schlupf der Jungtiere erfolgt nach etwa 60–70 Tagen.

● **Erdleguan** (*Liolaemus tenuis*): bis 16 cm, schön bunt gefärbte Kleinleguane. Die Weibchen bleiben etwas kleiner, legen 3–6 Eier, die Jungtiere schlüpfen nach etwa 50 bis 70 Tagen.

● **Haiti Erdleguan** (*Leiocephalus schreibersii*): bis 22 cm, mehrere Gelege pro Jahr möglich, insgesamt 3 bis 8 Eier pro Saison.

● **Halsbandleguan** (*Crotyphytus collaris*): bis 35 cm, Weibchen kleiner, hat nach der Befruchtung einige rote Flecken an den Flanken, sehr wärmeliebend, bis zu 3 Gelegen, je 3 bis 12 Eier.

● **Maskenleguan** (*Leiocephalus personatus*): bis 25 cm, 4–8 Eier, bei 27–28 °C schlüpfen Jungtiere nach 60 bis 70 Tagen.

● *Dipsosaurus dorsalis,* bis 40 cm; großes geräumiges Terrarium erforderlich; Bodengrund stellenweise 30–40 cm hoch; Kunsthöhle sollte stellenweise leicht feucht sein. Weibchen legen zwischen Juni und August bis zu 8 Eier; Schlupf nach etwa 2 Monaten.

● *Gambelia wislizenii,* bis 38 cm; Männchen bleiben kleiner; großflächiges Terrarium mit Kunsthöhle, Weibchen zeigen rötliche Trächtigkeitsflecken und legen 4–10 Eier. Schlupf der Jungtiere nach etwa 2 Monaten.

> **WICHTIG**
> Damit diese Leguane eine Höhle graben können muss der Bodengrund unter einem Stein oder in der Kunsthöhle immer etwas feucht sein.

> **ACHTUNG**
> *Gambelia wislizenii* darf nicht mit kleinen Echsen zusammen gehalten werden, da sie sie als Futter betrachten.

Der Rollschwanzleguan (Leicephalus carinatus) wackelt bei Erregung nervös mit seinem Schwanz.

117

Koratskink (*Riopa koratense*)

Aussehen: bis 20 cm. Der walzenförmige Körper ist bräunlich, rötlich-braun bis rötlich-violett und an den Seiten häufig gelblich-grün. Unterseite weiß. Männchen kräftiger gebaut.

Verbreitung: Thailand.

Lebensraum: steppenartige Bereiche, niedrige Kalksteinberge.

Lebensweise: leben versteckt unter Steinen oder in Gängen, die sie in den feuchten Bodengrund graben.

Terrarium: Savannenterrarium.

Einrichtung: als Bodengrund ein Erde-Torfmoos-Gemisch, kein Sand. Zentraler flacher Stein, eine Terrarienhälfte mit Bodenheizung.

Lufttemperaturen: 28 °C, unter einem Strahler 30–35 °C, Boden: 25 °C

Futter: Grillen, Heimchen, kleine Regenwürmer und Nacktschnecken.

Haltung: Einzelgänger, die man nur paarweise halten kann. Führen am Anfang eine sehr versteckte Lebensweise, vorwiegend unterirdisch. Nach der Eingewöhnungszeit kommen die Tiere aber gegen Morgen und gegen Abend heraus, um nach Futter zu suchen.

Zucht: Bei guter Pflege kommt es auch zu Paarungen, das Weibchen legt pro Gelege meist 3 Eier an eine feuchtwarme

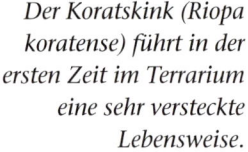

Der Koratskink (Riopa koratense) führt in der ersten Zeit im Terrarium eine sehr versteckte Lebensweise.

Stelle. Bebrütet man sie bei etwa 28 °C und 90 % Luftfeuchtigkeit, schlüpfen nach ungefähr 8 Wochen die Jungtiere.
Aufzucht: Sie sollten in kleinen Terrarien aufgezogen werden und verzehren lediglich kleine Insekten und Regenwürmer. Vor allem Rotwürmer sind ein gutes Aufzuchtfutter. Jungtiere färben sich erst nach 2 Jahren um. Bis dahin sind sie heller gefärbt.

Ähnlich zu halten Arten:

● **Blauschwanzskink** (*Mabuya quinquetaeniata*): 25–30 cm, klettern gern auf Ästen und Wurzeln, Gelege kann 11 Eier umfassen.

● **Fünfstreifenskink** (*Eumeces fasciatus*): bis 20 cm, glatt beschuppter Körper, bräunliche Grundfarbe, 5 breite, schwach bläulich oder gelblich gefärbte Streifen. Höchstens paarweise zu halten. Männchen haben in der Fortpflanzungszeit einen orangeroten Kopf. Die Weibchen legen in Höhlen unter Steinplatten oder Ähnlichem 5–13 Eier, die sie bewachen. Die Jungtiere schlüpfen nach etwa 9 Wochen.

● **Vierstreifenskink** (*Mabuya multifasciata*): bis 30 cm, Rücken goldbraun, manchmal olivfarben; man sollte die Skinke paarweise halten; Weibchen bleiben kleiner; sie gebären etwa 3 Monate nach der Paarung bis zu 6 Jungtiere.

● **Afrikanische Fünfstreifenmabuye** (*Mabuya quinquetaeniata*): bis 25 cm, schlanker Skink; Männchen auf dem Rücken braun oder grau mit zwei (manchmal undeutlich) braunroten Streifen. Weibchen und Jungtiere fast schwarz mit fünf goldgelben Längsstreifen auf dem Rücken. Die Weibchen legen 6–9 Eier in selbst gegrabene Gänge; bereits nach 4 Wochen können die Jungtiere schlüpfen.

● **Afrikanischer Streifenskink** (*Mabuya striata*): 16–24 cm; zahlreiche Unterarten; Grundfarbe Dunkelbraun, seitlich am Rücken schwarzbrauner Streifen. Die Weibchen gebären ungefähr 5 Monate nach der Paarung 4–6 Jungtiere. Sehr empfehlenswerter Skink, der auch gern klettert (Steinhaufen oder Wurzelstücke als Klettermöglichkeit anbieten!)

> **TIPP**
> Hat man als Bodengrund Sand gewählt, kann man als Eiablageplatz einen großen, eingegrabenen Blumentopf anbieten, der halb mit leicht feuchter Blumenerde gefüllt ist. Darauf legt man einen flachen Stein, sodass noch ein Eingang offen bleibt.

Schlangen

Schlangen sind in den gemäßigten und wärmeren Zonen der Erde verbreitet. Unter ihnen finden sich ökologisch außerordentlich anpassungsfähige Arten, die sehr verschiedenartige Lebensräume bewohnen, aber auch hoch spezialisierte Formen. Neben vielen boden- und baumbewohnenden gibt es auch unterirdisch lebende Schlangen und solche, die streng an Gewässer gebunden sind. Gleichzeitig unterscheidet man tag- und nachtaktive Arten, aber auch giftige und ungiftige. Schlangen verzehren nur tierische Kost und sehr oft gehören lebende Tiere zu ihrem Nahrungsspektrum. Für Neueinsteiger kommen lediglich ungiftige, tagaktive Arten infrage, da sie gewöhnlich leichter zu halten und zu pflegen sind. Die meisten Schlangen legen Eier, es gibt aber auch etliche lebendgebärende Arten.

> ### ACHTUNG
> **Giftschlangen sind grundsätzlich nicht für Anfänger geeignet. Selbst Trugnattern mit ihren weit hinten im Maul sitzenden Giftzähnen gehören nur in die Hände erfahrener Terrarianer.**

Strumpfbandnatter (*Tamnophis sirtalis*)

Aussehen: bis 125 cm. Körper schlank, Färbung und Zeichnung sehr unterschiedlich. Es können vorwiegend Streifen oder Flecken vorhanden sein. Kopf setzt sich nur leicht vom Körper ab. Pupillen rund. Rücken kann schwarz, dunkelbraun, grün, olivfarben oder gelblich sein. Vom Kopf zum Schwanz ziehen sich eine Rückenlinie und zwei Seitenstreifen. Die Streifen können gelblich, bräunlich, grünlich oder bläulich sein. Es gibt zahlreiche Unterarten, darunter auch welche mit schöner rötlicher Zeichnung. Männchen bleiben kleiner.

Verbreitung: von S-Kanada über Nordamerika bis N-Mexiko.

Lebensraum: vor allem Feuchtgebiete.

Lebensweise: tagaktiv. Sonnen sich gern und ernähren sich von Regenwürmern, Nacktschnecken, Fischen, Fröschen, Kröten, Mäusen.

Terrarium: Sumpfterrarium (Zimmer und Freiluft).

Einrichtung: kleiner Strahler über dem Landteil und hohl liegende Wurzel als Versteckmöglichkeit.

Lufttemperatur: 26–30 °C, Wasser: 25 °C.

Futter: Regenwürmer, kleine Fische, Fischstreifen, Bällchen aus rohem Rindfleisch.

Haltung: mehr Männchen als Weibchen. Sehr robust und genügsam. Erscheinen nach Einschalten des Strahlers, gehen

mittags auf Nahrungssuche und sollten dann Futter vor-
finden: lebende Fische im Wasserteil, übrige Nahrung auf
dem Landteil. Im Winter 2–3 Monate Ruhe bei 5–8 °C.

Zucht: Nach der Winterruhe, aus der Männchen zuerst zu
holen sind, geraten die Tiere in Paarungsstimmung. Nach
Erscheinen des Weibchens (2–3 Wochen später) kommt es zu
Paarungsversuchen. Weibchen gebiert 14–40 Jungtiere.

Aufzucht: in kleinen Gruppen von 3–4 Tieren. In 2 Jahren
können sie bereits eine Länge von 70 cm erreichen.

Ähnlich zu haltende Arten:

● **Butlers Strumpfbandnatter (*Thamnophis butleri*):**
bis 69 cm, lebendgebärend, 4–16 Jungtiere.

● **Gebänderte Wassernatter (*Nerodia fasciata*):**
bis 160 cm, Kletteräste erforderlich, lebendgebärend, bis
57 Jungtiere.

*Butler's Srumpfband-
natter (Thamnophis but-
leri) frisst im Terrarium
auch problemlos kleine
rohe Hackfleischbällchen.*

Kinder Spezial

Was sind Amphibien und Reptilien für Tiere und woran erkennt man ihre Zugehörigkeit?

Die Kröte versteckt sich tagsüber unter einem Stein, weil es dort immer etwas kühler und feuchter ist als im übrigen Terrarium. Kröten gehören zu den Amphibien.

Nach einem Sonnenbad springt der Frosch in das Wasser, weil seine Haut langsam zu trocken wird. Frösche gehören zu den Amphibien.

Die Wasserschildkröte klettert aus dem Wasser unter eine Strahler-Lampe. Dort spreizt sie ihre Gliedmaßen ab, sodass die Haut und der Panzer völlig abtrocknen können. Schildkröten gehören zu den Reptilien!

Die alte Haut der Schlange ist an einer Stelle aufgeplatzt. Nun kriecht sie zwischen Zweigen und anderen engen Hindernissen hindurch. Dabei bleibt die alte Haut hängen und wird nun völlig abgestreift. Darunter befindet sich bereits die neue Haut. Schlangen gehören zu den Reptilien!

Die Echse klettert den Ast empor, um sich unter der Strahler-Lampe aufzuwärmen. Dabei kann sich ihr Körper ohne weiteres bis auf 38 °C erwärmen. Echsen gehören zu den Reptilien!

Was du bei einem Terrarium beachten musst und was du auf keinen Fall machen darfst!

Du musst das Terrarium immer sorgfältig schließen, da sonst die Tiere entweichen und sterben können!

Manche Terrarientiere benötigen lebende Insekten als Nahrung und können mit Pflanzennahrung nichts anfangen!

Kontrolliere häufiger das Thermometer, damit für die Tiere im Terrarium immer die richtigen Temperaturen herrschen!

Die meisten Terrarientiere mögen es nicht, wenn man sie anfasst oder fängt. Beschränke das Fangen und Festhalten nur auf das Allernotwendigste!

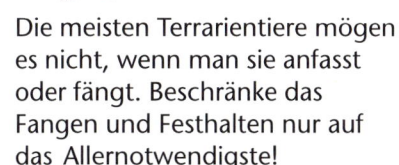

Viele Terrarientiere benötigen immer frisches Wasser in einem sauberen Wassernapf!

Serviceseiten

Wichtige Adressen

DEUTSCHLAND
Deutsche Gesellschaft
für Herpetologie und
Terrarienkunde (DGHT)
e.V.
DGHT-Geschäftsstelle
Postfach 14 21
Locher Straße 18
D-53351 Rheinbach
(Briefpost)
D-53359 Rheinbach
(Büroanschrift)
Tel: 0 22 25/70 33 33
Fax: 0 22 25/70 33 38
E-Mail: gs@dght.de
Internetadresse:
http://www.dght.de

ÖSTERREICH
Herpetologische
terraristische Vereinigung
Österreich (HTVÖ)
c/o Erich Brabenetz
Portheimg. 1 RH 75
1220 A-Wien

Österreichische Gesell-
schaft für Herpetologie
c/o Naturhistorisches
Museum
Burgring 7
A-1014 Wien

SCHW
DGHT-Landesgruppe
Schweiz
c/o A. Ochsenbein
Bündtenstr. 15
CH-4104 Oberwil

Fachzeitschriften

„elaphe"
Zeitschrift der Deutschen
Gesellschaft für Herpetolo-
gie und Terrarienkunde
(DGHT) e. Vogt

„herpetofauna"
Zeitschrift für Amphibien-
und Reptilienkunde
Postfach 11 10
D-71365 Weinstadt

„Salamandra"
Zeitschrift für Herpetologie und Terrarienkunde
Hrsg.: Deutsche Gesell-
schaft für Herpetologie
und Terrarienkunde e. V.
Frankfurt a. M.

„SAURIA"
Hrsg.: Terrariengemein-
schaft Berlin e.V.
c/o: B. Buhle
Planetenstr. 45
D-12057 Berlin

Weiterführende Literatur

Bundesministerium für
Ernährung, Landwirtschaft
und Forsten (Hrsg.):
Gutachten über die Min-
destanforderungen an die
Haltung von Reptilien
(1997).

FRIEDERICH, U./
VOLLAND, W.
Futtertierzucht
Ulmer, Stuttgart 1992

HENKEL, F. W. /
SCHMIDT, W.
Geckos
Ulmer, Stuttgart 1991

ROGNER, M.
Echsen 1
Ulmer, Stuttgart 1992

ROGNER, M.
Echsen 2
Ulmer, Stuttgart 1994

SCHMIDT, W. &
HENKEL, F. W.
Leguane
Ulmer, Stuttgart 1995

SCHULTE, R.
Frösche und Kröten
Ulmer, Stuttgart 1980

TRUTNAU, L.
Schlangen 1
Ulmer, Stuttgart 1988

TRUTNAU, L.
Schlangen 2
Ulmer, Stuttgart 1990

ULLRICH, W.
Sumpf- und Wasserschild-
kröten
FALKEN Verlag,
Niedernhausen 1998

ULLRICH, W.
Landschildkröten
FALKEN Verlag,
Niedernhausen 1999

Sie finden uns im Internet: **www.falken.de**

Dieses Buch wurde auf chlorfrei gebleichtem und säure-
freiem Papier gedruckt.

Der Text dieses Buches entspricht den Regeln der neuen
deutschen Rechtschreibung.

ISBN 3 8068 2638 2

© 2000 by FALKEN Verlag, 65527 Niedernhausen/Ts.
Die Verwertung der Texte und Bilder, auch auszugsweise,
ist ohne Zustimmung des Verlags urheberrechtswidrig
und strafbar. Dies gilt auch für Vervielfältigungen, Über-
setzungen, Mikroverfilmung und für die Verarbeitung mit
elektronischen Systemen.

Titelbild: Bildagentur Heiro, Hürtgenwald
Umschlagrückseite: Bildagentur Heiro, Hürtgenwald
Fotos: Bildagentur Heiro, Hürtgenwald
Zeichnungen: FALKEN Archiv / M. Lindner: S. 42–46,
49–51, 73–75; **A. Weih:** S. 23–25, 36; **Manfred Lind-
ner,** Mainz: S. 53; **Eva Wagendristel,** Berlin (Kinder
Spezial)
Produktion und Satz: Ohl Design, Wiesbaden

Die Ratschläge in diesem Buch sind vom Autor und vom
Verlag sorgfältig erwogen und geprüft, dennoch kann
eine Garantie nicht übernommen werden. Eine Haftung
des Autors bzw. des Verlags und seiner Beauftragten
für Personen-, Sach- und Vermögensschäden ist ausge-
schlossen.

Druck: Appl, Wemding

817 2635 4453 6271

Register

Pflegefehler –

und wie man sie vermeidet

Die Schildkröten, Echsen oder Schlangen

bleiben die meiste Zeit im Zimmerterrarium oder in der Freilandanlage in ihrem Unterschlupf oder haben sich eingegraben

● Prüfen Sie die Temperaturen. Vielleicht ist es den Tieren zu kalt oder sie bereiten sich schon auf die Winterruhe vor.

Die Echsen

flüchten und stoßen dabei gegen die Terrarienwand

● Das Terrarium ist für diese Tierart offenbar zu klein. Außerdem gibt es in den Terrarium vermutlich keine geeigneten Versteckmöglichkeiten. Erkundigen Sie sich genauer über die Lebensweise der betreffenden Art und ihren Flächenbedarf im Terrarium. Bieten Sie den Tieren unbedingt ein Terrarium mit einer größeren Grundfläche und geeignete Versteckmöglichkeiten an.

Die Terrarienscheiben

sind oft oder sogar fast ständig beschlagen

● Die Luftfeuchtigkeit ist viel zu hoch und das Wasser kondensiert an den kühleren Scheiben. Kontrollieren Sie die Höhe der Luftfeuchtigkeit (Hygrometer)! Sorgen Sie unbedingt für eine gute Durchlüftung. Kontrollieren Sie auch die Temperaturen innerhalb und außerhalb des Terrariums. Sind die Temperaturunterschiede zu groß? Haben Sie für das Terrarium vielleicht den falschen Standort gewählt?

Die Tiere

gehen nur zögernd und lustlos an ihr Futter

● Möglicherweise bekommen sie immer das gleiche Futter angeboten. Prüfen Sie noch einmal, was die Tiere alles fressen können, und bieten Sie unbedingt ein abwechslungsreiches Futterangebot.